ED.PERELLÓ **UNIVERSALES**

LA VIUDA VALENCIANA

ED. PERELLÓ
UNIVERSALES

Esta colección atesora las obras más importantes de la literatura universal, cada una en su idioma original.

En la Serie *Letras Castellanas* destacan: *El Lazarillo de Tormes*, Anónimo; *El coloquio de los perros*, de Miguel de Cervantes; *Rimas y Leyendas*, de Gustavo Adolfo Bécquer; *Bodas de Sangre*, de Federico García Lorca; *Narraciones inverosímiles*, de Pedro Antonio de Alarcón; *Ismaelillo*, de José Martí; *Azul*, de Rubén Darío; *Cuentos de la Selva*, de Horacio Quiroga, *Los mejores cuentos de Conde Lucanor*, de Don Juan Manuel; *Cuentos de encantamiento*, de Cecilia Böhl de Faber, *La gota de Sangre*, de Emilia Pardo Bazán, *Historia de la vida del Buscón*, de Francisco de Quevedo, entre otros...

LOPE DE VEGA

La viuda
valenciana

EDICIONS PERELLÓ

© Ed. Perelló, SL, 2025

Carrer de les Amèriques, 27
46420 - Sueca, Valencia
e-mail: info@edperello.es
http://edperello.es

I.S.B.N.: 979-13-70191-20-7
Depósito legal: V-3427-2025

Impreso en España

Este libro ha sido impreso en papel
ecológico procedente de bosques sostenibles.

Índice

Dedicada a la señora Marcia Leonarda

Después que supe que vuesa merced había enviudado en tan pocos años que, aunque las partes y gracias de su marido le obligaran a sentimiento, la poca edad la escusara, pues es aforismo en los discretos mirar por lo que falta, y no por lo que dejan, me determiné a dirigirle esta comedia, cuyo título es *La viuda valenciana*; no maliciosamente, que fuera grave culpa dar a vuesa merced tan indigno ejemplo. Discreta fue Leonarda (así lo es vuesa merced y así se llama) en hallar remedio para su soledad, sin empeñar su honor; que como la gala del nadar es saber guardar la ropa, así también lo parece acudir a la voluntad sin faltar a la opinión. Lo más seguro es no rendirla. Pero si pocos años, mucha hermosura, bizarro brío y ejercitado entendimiento, dieren tal vez oído a la lisonja de algún ocioso, no le estará mal al peligro haber leído esta fábula; que esgrimiendo no se llama herida la que recibe otra, ni el músico merece este nombre si arrastrando los dedos por las cuerdas no tañe limpio. Muchos se han de oponer a tan linda cátedra. Perdonen los críticos esta vez linda, que Fernando de Herrera, honor de la lengua castellana y su Colón primero, no la despreció jamás ni dejó de alabarla, como se ve en sus *Comentos*. Pero pues a vuesa merced no se le ha de dar nada de él, ni de sus prólogos, ni de mí, ni de esta comedia, volvamos al consejo, que de los maduros le han de tomar los agraces, o no llegarán jamás a darle a otros. Opuestos, pues, los altos para secretos gustos, los iguales para bendiciones públicas, será fuerza que vuesa merced confusa consulte sus íntimas privanzas, si no lo fueren más sus privaciones. Aquí es donde entra *La viuda valenciana*, espejo en que vuesa merced se tocará mejor que en los cristales de Venecia, y se acordará de mí, que se la dedico. No fue todo mentira, que si no pasó a la letra, a lo más sustancial no hice más de darle lo verisímil, a imitación de las mujeres que se afeitan.

Estoy escribiendo a vuesa merced y pensando en lo que piensa de sí con ojos verdes, cejas y pestañas negras, y en cantidad, cabellos rizos y copiosos, boca que pone en cuidado los que la miran cuando se ríe, manos blancas, gentileza de cuerpo y libertad de conciencia en materia de sujeción, pues la señora Muerte, en figura de redentor de la Merced, la sacó de Costantinopla y de los baños de un hombre que comenzaba a barbar por los ojos y acababa en los dedos de los pies. Oí decir que su madre del tal difunto era de Osuna, o que al hacerse preñada pensó en un cofre. La imaginación hace caso. No nos metamos con los filósofos, que creen más a las acciones del espíritu que a la naturaleza de la común herencia. Él tenía estas gracias, y por añadidura el más grosero entendimiento que ha tenido celoso después que se usa estorbar mucho y regalar poco. Suelen decir por encarecimiento de desdichados: «Fulano tiene mala sombra». No la tuvo mujer tan mala desde que hay sol; y siéndolo vuesa merced de hermosura, se espantaban muchos de verla con tan mala sombra. ¡Bien haya la muerte! No sé quién está mal con ella, pues lo que no pudiera remediar física humana, acabó ella en cinco días con una purga sin tiempo, dos sangrías anticipadas, y tener el médico más afición a su libertad de vuesa merced que a la vida de su marido. Puedo asegurarle que se vengó de todos con sola la duda en que nos tenía si se había de morir o quedarse; tanto era el deseo de que se fuese; no porque él faltase, pues siempre faltó, sino porque habiendo imaginado que nos dejaba, fuera desesperación el volver a verle. Bien creerá vuesa merced cuán lejos estaré yo de su oposición, y así, debe creerme el deseo de su bien, libre de interés humano. Porque, ¿quién no amará tantas gracias, tanta hermosura y celestial ingenio? Si vuesa merced hace versos, se rinden Laura Terracina, Ana Bins, alemana, Sapho, griega, Valeria, latina, y Argentaria, española. Si toma en las manos un instrumento, a su divina voz e incomparable destreza, el padre de esta música, Vicente Espinel, se suspendiera atónito; si escribe un papel, la lengua castellana compite con la mejor, la pureza del hablar cortesano cobra arrogancia, el donaire iguala a la gravedad y lo grave a la dulzura; si danza, parece que con el aire se lleva tras si los ojos, con la disposición las almas, y que con los chapines pisa los deseos. Mas ¿cómo soy yo tan atrevido, que donde todo es milagro ponga lunares con mi rudeza y, como mal pintor, desacredite el original con la imperfeción de mi retrato? Vuesa merced repare en mis deseos, de quien sacará mejor lo que no acierto a decir que lo que puede preguntar al espejo, perdonará a mi pluma, y en el del alma retratará más vivo su entendimiento. Dios guarde a vuesa merced.

Su capellán, y aficionado servidor,

Lope de Vega Carpio.

Figuras de la comedia

LUCENCIO, viejo
LEONARDA, viuda moza
JULIA, criada suya
URBÁN, escudero suyo mozo
CAMILO, galán
FLORO, criado suyo
CELIA, dama
OTÓN, Galán
VALERIO, galán
LISANDRO, galán
ROSANO, cortesano
UN ESCRIBANO
UN ALGUACIL
CRIADOS

Acto I

Sale LEONARDA viuda, con un libro, y JULIA, su criada.

LEONARDA	¡Celia! ¡Julia! ¿No me oís?
JULIA	Señora...
LEONARDA	Loca, ¿en qué andas?
JULIA	Ya vengo a ver lo que mandas.
LEONARDA	Guárdame ese fray Luis.
JULIA	Viéndote en esos traspasos,
	no será mucha lisonja
	apostar que de ser monja
	no has estado dos mil pasos;
	aunque, como me nombrabas
	a fray Luis cuando salí,
	en verdad que colegí
	que todo un fraile me dabas.
LEONARDA	No son para tu rudeza,
	necia, razones tan altas.
JULIA	¡Qué mal encubrí las faltas
	que me dio naturaleza!,
	que, al no tener hermosura,
	no añado la discreción.
LEONARDA	Basta una buena razón
	y una honrada compostura,
	Julia, en cualquiera mujer;
	que si de aguda se precia,
	está muy cerca de necia
	y aun de venirse a perder.
	Yo, después que me faltó

mi Camilo, que Dios tiene,
que [a] hacer el oficio viene
del alma que me llevó,
como he dado en no casarme,
leo por entretenerme,
no por bachillera hacerme,
y de aguda graduarme;
que a quien su buena opinión
encierra en silencio tal,
no halla en los libros mal.
Gustosa conversación
es cualquier libro discreto,
que si cansa, de hablar deja;
es amigo que aconseja
y reprehende en secreto.
Al fin, después que los leo
y trato de devoción,
de alguna imaginación
voy castigando el deseo.

JULIA   Y ¿en qué materia leías?
LEONARDA De oración.
JULIA   ¿Quién no se goza
de ver que, tan bella moza,
tan santas costumbres crías;
ver hablar en la ciudad
de tu mucho encerramiento,
cordura y entendimiento,
fama, honor y honestidad?
Dicen que el Siglo Dorado
nuevo estado ahora toma;
que has hecho a Valencia Roma,
y presente lo pasado;
que en ti se encierra y anida

todo el bien que tiene el suelo,
y que eres ángel del cielo
en hermosura y en vida.
Los mozos están de forma,
que nadie a verte se atreve,
porque no hay quien no se eleve
si de tu vida se informa.

LEONARDA   De todo, Julia querida,
se sirva Dios; que esa fama
es de estopa fácil llama:
antes muerta que encendida.
No procuro ser nombrada,
ni comer, como Artemisa,
las cenizas que ya pisa
la muerte con planta helada;
ni ser la que el nombre
toma de que de antojo murió,
porque a ver no se asomó
el monstruo que entró por Roma;
ni la que con el carbón
pintó la sombra al marido,
que tuvo, en siendo partido,
en igual veneración.
Quiero ser una mujer
que, como es razón, acuda
al título de viuda,
pues a nadie he menester.

JULIA   ¿Que, en fin, no te casarás?

LEONARDA   ¡Jesús, Julia, no lo nombres!
Asco me ponen los hombres;
no me los nombres jamás.
Tráeme la imagen acá
que compré de aquel pintor.

JULIA   ¿Pedirle quieres favor?
             Tentaciones te dan ya.
LEONARDA   Calla, necia; que la quiero
             solamente para vella.
JULIA   ¿Y cómo diste por ella
             tanta suma de dinero?
LEONARDA   Por el pincel que le dan;
             que el dueño me satisfizo
             que allá en la corte la hizo
             un famoso catalán.
JULIA   Voy.
             [Vase.]
LEONARDA   No hay ya de qué tratar
             que servir a Dios no sea.
             Bien aquí la vida emplea
             quien ve lo que ha de durar.
             Terror es que, perseguida,
             en esta edad guarde un muerto,
             fe tan cierta, amor tan cierto,
             verdad viva y casta vida.
             Pero en la dificultad
             escriben que está la gloria,
             y eso se llama vitoria,
             resistir la voluntad.
             Dejadme aquí, pensamientos;
             no hay más, no me he de casar.

        (Sale JULIA.)

JULIA   Aún no le acertaba [a] hallar.
LEONARDA   [Aparte.]
             (Resistid, castos intentos.)
JULIA   Vesle aquí.

LEONARDA Cubra mi olvido
          las vanidades que dejo.
          (Dale un espejo.)
          ¿Qué es esto, necia? ¡El espejo
          por la imagen me has traído!
          Toma.
JULIA   Acábate de ver,
          verás lo que has de llorar,
          no lo pudiendo cobrar,
          si aquí lo dejas perder.
LEONARDA Toma allá.

     (Sale LUCENCIO, tío de LEONARDA.)

LUCENCIO No se le des,
          pues quiso Dios que viniese
          a tiempo que verte viese,
          tú, que a ti ni a nadie ves.
          ¿Qué milagro, di, sobrina,
          es éste de hallarte así?
LEONARDA [Aparte.]
          (Si hoy no me vengo de ti...
JULIA   Pues ¿vile yo entrar?)
LEONARDA Camina.

     [Vase JULIA.]

LUCENCIO Bien tendrán canas de un viejo
          con tu edad autoridad.
LEONARDA Juzgarás a liviandad
          hallarme con el espejo;
          que suele ser conocida
          la mucha de una mujer

                en irse y venirse a ver,
                después de una vez vestida.
                Y yo, conforme a mi estado,
                Hago en eso más delito.

LUCENCIO   A enojo siempre me incito
                con tu melindre estremado.
                ¿Es mucho que una mujer
                que ha de estar un día compuesta,
                vaya a ver si está bien puesta
                la tocao el alfiler?
                ¿Quién se lo dirá mejor,
                si está bien o si está mal,
                que ese palmo de cristal?

LEONARDA ¡Cómo disculpas mi error!

LUCENCIO   Eso fuera, a ser de aquellas
                que junto a las celosías
                hacen colgar muchos días
                su espejo, o en medio de ellas;
                y así como están hablando
                por de fuera a su galán,
                el habla y meneos van
                en el espejo mirando;
                y el necio a quien satisface
                por sí lo entiende y se admira;
                y es el espejo a quien mira,
                a quien la fiesta se hace.
                No eres tú la que le lleva
                a la iglesia y al sermón
                y, fingiendo devoción,
                se mira cuando se eleva.
                Ni al beber haces agravio
                con pico de aguamanil,
                porque la color sutil

no se despegue del labio.
No te quiero decir cosas,
que a un viejo parecen mal,
de esta regla universal
de feas y melindrosas.
Mírate, y guárdete Dios;
y pues que he venido a verte
cuanto tú te has visto, advierte
y estemos solos los dos.

LEONARDA Tío, si es de casamiento,
ni se miente ni me hable.

LUCENCIO ¡Que has de ser tan intratable,
con tan buen entendimiento!
¿Escucharme no merezco?
¿Dónde un viejo honrado hablara
que, siéndolo, no escuchara
cualquier hombre?

LEONARDA [Aparte.]
(Hoy me enflaquezco.)
Si yo sé lo que me quieres,
¿por qué he de dejar cansarte?

LUCENCIO ¿Que has de ser en esta parte
igual a tantas mujeres?
¿Qué pertinacia es la tuya?
¿Piensas que estas cosas son
para tu buena opinión?
Son para que se destruya.
¿Cómo piensas conservarte,
ya que tan resuelta vienes,
en el estado que tienes
tantos años sin casarte?
Es verdad que te han quedado
tres mil ducados de renta;

pero yo no pongo en cuenta
lo que es vivir descansado
-que si esto te faltara,
gracias a Dios que me sobra-,
pero el verte empezar obra
de acabarse bien tan cara.
¿Adónde te esconderás
de la invidia y vulgo vil,
aunque en un año y en mil
no salgas de donde estás?
Que con sol abras tu puerta
y cierres a la oración,
que los que más linces son
no vean ventana abierta;
que un átomo, que el sol mismo
no entre en casa tan rara,
por sí escura, y por ti clara,
cielo en parte, en parte abismo;
que tengas dragones y Argos
más que vellocino y fruta.
¿Qué importa? La invidia astuta
tiene lengua y ojos largos.
Dirán que con el esclavo
que dentro de casa tienes,
a ser Angélica vienes,
soberbia y infame al cabo;
y ofendido tu decoro,
mil que seguido te han,
a Júpiter cisne harán,
o por dicha lluvia de oro.
¿Cuánto es mejor que te cases,
y estas malicias escuses?

Leonarda Ya no habrá de qué me acuses,

si no es que adelante pases.
No dirás que no te oí.
Dime, Lucencio, ¿es mejor
a peligro de un error
poner mi vida por ti?
¿A este daño me acomodas
si todos los que han escrito
han reprehendido infinito
siempre las segundas bodas?
La viudez casta y segura,
¿no es de todos alabada?
Si es de la invidia infamada,
este engaño poco dura;
que al fin vence la verdad
y vuela la buena fama,
que es Fenis que de su llama
nace para nueva edad.
No, sino venga un mancebo
de estos de ahora, de alcorza,
con el sombrerito a orza,
pluma corta, cordón nuevo,
cuello abierto muy parejo,
puños a lo veneciano,
lo de fuera limpio y sano,
lo de dentro sucio y viejo;
botas justas, sin podellas
descalzar en todo un mes,
las calzas hasta los pies,
el bigote a las estrellas;
jaboncillos y copete,
cadena falsa que asombre,
guantes de ámbar, y grande hombre
de un soneto y un billete;

y con sus manos lavadas
los tres mil de renta pesque,
con que un poco se refresque
entre sábanas delgadas;
y pasados ocho días,
se vaya a ver forasteras,
o en amistades primeras
vuelva a deshacer las mías!
Vendrá tarde; yo estaré
celosa; dará mi hacienda;
comenzará la contienda
de esto de si fue o no fue.
Yo esconderé y él dará;
buscará deudas por mí;
entrará justicia aquí;
voces y aun coces habrá.
No habrá noche, no habrá día,
que la casa no alborote:
«-Daca la carta de dote.
-Soltad la hacienda, que es mía.
-Entrad en esta escritura.
-No quiero. -¡Ah, sí! ¿No queréis?
Yo os haré, infame, que entréis,
si el brío de ahora os dura».
Y que mientras más me postro,
me haga muy más apriesa
de dos títulos condesa,
Concentaina y Puñoenrostro.
Yo he dicho.

LUCENCIO Acabado has
como oración en latín.

LEONARDA Latín pudo ser el fin,
mas romance lo demás.

Esto propuse aquel día,
y a ser varonil mujer:
brasas había de comer,
y abrasar alma tan fría.

LUCENCIO Sobrina, aquí se acabó.
Desde aquí doy a los vientos
todos cuantos casamientos
me han hablado y busco yo;
que tres a escoger traía,
y ya solo he de pedir
que no demos qué decir
de tu edad ni de la mía.
Mira por ti, pues te quedas
en tan moza libertad;
que es mucho que en tal edad
tan segura vivir puedas.
Cuando mires al espejo
tu hermosura y pocos años,
tú verás cuántos engaños
te dan los dos por consejo.
Y Dios te lleve adelante
ese silicio y ayuno.

LEONARDA [Aparte.]
(¡Qué viejo tan importuno!)

LUCENCIO [Aparte.]
(¡Qué mujer tan arrogante!)

(Vanse. Sale LISANDRO, galán.)

LISANDRO Rompe una peña el agua cuando estriba
por largo curso en ella su corriente,
y a la segur del labrador valiente
se humilla el pino y la arrugada oliva.

De su fruto oriental, la palma altiva
rinde, aunque tarde, a la africana gente;
viene el novillo al yugo, y la serpiente
a la voz del encanto se derriba.
Fabrica un escultor una figura
de un mármol duro, de una piedra helada,
y viene a tener ser lo que no era.
Y por más que mi amor vencer procura
una mujer hermosa y delicada,
con ser mujer, está rebelde y fiera.

(Sale VALERIO, galán.)

VALERIO   Baja del monte el agua despeñándose
y va de piedra en piedra entremetiéndose;
y con venir como el cristal riéndose,
va por la tierra con el tiempo entrándose.
Mi mal, con beneficios aumentándose,
hace que [el bien se] vaya, consumiéndose,
y luego la esperanza entreteniéndose,
de verle florecer está [alegrándose].
Amor me ve morir y satisfácese,
donde con tiempo y obras desmerécese;
que es ola que en la mar se rompe y hácese.
El bien y el mal para mi mal ofrécese;
pero en un punto el bien muérese y nácese,
y luego la esperanza desparécese.

(Sale OTÓN, galán.)

OTÓN   Halla con lengua, lágrimas y ruego,
entre bárbaros, paso el peregrino;
guía por las montañas de Apenino,

agua en la Libia y en la Citia fuego.
El abarimo, en sus crueldades ciego,
por sus tierras le da franco camino,
halla en Arabia pan, en Persia vino,
y en los alarbes de África sosiego.
Corren el llanto y la alegría parejas,
y el cautivo en el moro de Marruecos
halla piedad entre cadena y rejas.
¡Y un áspid hecho de peñascos secos,
de mis cansadas lágrimas y quejas,
aun no se precia de escuchar los ecos!

VALERIO   ¡Lisandro!
LISANDRO   ¡Valerio!
VALERIO   ¡Otón!
OTÓN   ¡Oh hidalgos!
VALERIO   Creo que junta
               amor la conversación.
LISANDRO   Eso de amor se pregunta
               a los que amantes no son.
               Ea, acabaos de cubrir;
               que bien se puede decir
               aquesto de amor cubiertos;
               que no es Evangelio.
OTÓN   Adviértoos
               que así se había de oír;
               que son tales sus antojos,
               que había, cuando se empieza
               a tratar de sus enojos,
               de estar libre la cabeza
               y descubiertos los ojos.
               No porque a verdad aspira,
               que antes de ella se retira;
               mas porque son menester

muchos ojos para ver
tan agradable mentira.

LISANDRO   Bien a Otón se le parece,
que por la hermosa viuda
se deshace y desvanece.

OTÓN   Y de vos, ¿pondremos duda
que os abrasa y enflaquece?
¿Por qué rompéis a los cielos
cuantas túnicas y velos
los astrólogos les ponen,
porque con ella os abonen?

VALERIO   Declárense si son celos.
Entraré yo de por medio
a quitar la pesadumbre,
y dar algún corte y medio.

LISANDRO   Mas a entraros por su lumbre
por el último remedio
que dé la que vive aquí.
Mas ¡ay!, que en Otón y en mí
es el alma enamorada
de mariposa turbada,
que habrá de morir allí.

VALERIO   ¿Yo, por Leonarda?

LISANDRO   Vos, pues.
¿Pensáis que está muy secreto
lo que tan notorio es?

OTÓN   Finalmente que a un sujeto
queremos bien todos tres.

VALERIO   Ahora bien, porque lo es tal,
confesar no me está mal,
y porque este casamiento
me ha dado algún pensamiento.

LISANDRO   ¡Gran mujer!

Otón	No tiene igual.
Lisandro	Lo que Valerio, pretendo.
Otón	Yo lo mismo solicito.
Valerio	Si emprendéis lo que yo emprendo,
	o os ofendo si os lo quito,
	o en quitármelo me ofendo.
	¿Puédese esto componer?
Lisandro	Muy bien se puede hacer.
	Ande el pleito y la amistad.
Otón	Competencia y voluntad
	no suelen juntas comer.
	Pero habrá de ser así,
	que a todos está mejor;
	si no es que haya alguno aquí
	que tenga de ella favor.
Valerio	No diré yo que yo fui;
	aunque el que he tenido puedo
	contar a los dos sin miedo,
	como palabra me deis
	que los vuestros contaréis.
Lisandro	Por mi parte, lo concedo.
Otón	Y yo, por mi parte.
Valerio	Oíd,
	y el galardón de mi amor
	de este favor presumid.
Otón	Di, [Valerio], tu favor.
Valerio	Ya comienzo.
Lisandro	Di.
Valerio	Advertid.
	A esta gallarda viuda
	que tiene el alma de tigre,
	en un coche vi una tarde
	como tres mil serafines.

Iba subiendo del sol,
porque el sol iba a encubrirse,
aunque la cortina a veces
era a mis ojos eclipse.
Hícele una reverencia,
y ella con algún melindre
sacó del estribo afuera
todos los pechos de un cisne.
Yo, creyendo que podía
en este favor asirme,
con mi guitarra en su calle
me tocó San Juan maitines.
Había hecho una glosa;
por mi mal la glosa hice.
Empecé a cantar más tierno
que un tiempo Píramo a Tisbe.
«Socorre con agua al fuego»,
fue lo primero que dije,
y lo postrero también:
del socorro Dios os libre.
Si era agua limpia o mezclada,
Dioscórides lo averigüe;
basta que toda la noche,
gasté en limpiarme y reírme.

LISANDRO   Va el mío; pero es mejor,
que en efeto fue favor,
y el de Valerio pesar.

OTÓN   Empieza, pues, a contar.

LISANDRO   Comienzo en nombre de amor.
Por esta dichosa calle,
desdichada en tanto estremo,
donde mil penantes viven,
velando prendas de un muerto,

llevaban unos ladrones
una noche escura, huyendo
de la vecina justicia,
de vino un famoso cuero.
Al pasar los desdichados,
las puertas de mármol vieron
de esta viuda más dura,
y pusiéronle en lo hueco.
Los alguaciles y mozos,
embebecidos corriendo,
no vieron dónde quedaba
el arrimado mancebo.
Yo, que estaba en una esquina
mirándolo desde lejos,
apresuré luego el paso,
llevándome el aire en peso.
Llegando a la amada puerta,
vi un bulto a mis ojos negro,
con su capa y con su espada,
mirando y hablando adentro.
Llegueme a él, y metime
hasta la barba el sombrero,
y díjele: «¡Ah, gentilhombre!»,
terciando el corto herreruelo.
Como no me respondía,
saco la daga de presto
y por el pecho a mi gusto
hasta la cruz se la meto.
Diome la sangre en el mío,
y vuelto a mi casa huyendo,
miro a una luz la ropilla,
y olía como un incienso.
Tomo una linterna y parto,

y cuando a mirarle vuelvo,
hallo derramado el vino,
y el cuero midiendo el suelo.

OTÓN   Si esos son vuestros favores,
reniego de los amores.

VALERIO Diga Otón el suyo, a ver.

OTÓN   ¡Ah, Tulio, aquí he menester
tus retóricos colores!
Cantaban la vez primera
con su voz ronca los gallos,
respondiéndose muy lejos
los del lugar y del campo,
cuando de nuestra viuda,
como un reloj concertado,
la ventana con los ojos
y la calle mido a pasos.
Estaba el cielo más negro
que un portugués embozado,
y a esta causa erré la reja,
dos ventanas más abajo.
Vivía un buen zapatero
donde yo con gran cuidado
puse los ojos, por ver la casa
en que viven tantos,
y vi en un balcón un bulto,
la mitad del cuerpo blanco;
y creyendo ser la viuda,
así la requiebro y hablo:
«Ángel, cuya alba es la toca
y cuya estola el rosario,
oíd un secreto solo
de este enamorado esclavo».
No lo hube dicho, señores,

cuando el zapatero honrado,
que estaba en camisa al fresco,
dijo, un ladrillo tomando:
«¿A mi mujer, requebritos?
¡Por estas barbas, bellaco,
que yo os conozca de día!».
Y si al tirar no me bajo
con los polvos del ladrillo
me deja allí rociados,
como escudilla de arroz,
los sesos entre los cascos.

VALERIO Los favores son iguales;
mas al fin, tratando veras
y dejando burlas tales,
¿no veis que estas tres quimeras
han de engendrar cien mil males?

OTÓN Un consejo os quiero dar.

LISANDRO ¿Cómo?

OTÓN Que el pleito tratemos
dejándonos de tratar.

VALERIO ¿Queréis que no nos hablemos?

OTÓN Yo a ninguno pienso hablar,
encuéntrele adondequiera.

LISANDRO Yo me voy de esa manera.

OTÓN ¡Ay, Leonarda, hermosa y muda!

LISANDRO ¡Ay, bellísima viuda!

VALERIO ¡Ay, hermosísima fiera!

(Vanse. Sale LEONARDA y JULIA.)

JULIA Castigado han tu locura
los cielos.

LEONARDA Y de tal suerte,

que no me han dado la muerte
para mayor desventura.
Y pues que así me declaro,
créeme que algún hechizo
este viejo astuto hizo
contra mi helado reparo;
que llevarme aquesta tarde
a buscar mi vituperio
no carece de misterio.

JULIA   Dios de pensallo me guarde.
Tan ignorante está él
de lo que te ha sucedido,
como ese mismo que ha sido
basilisco tan cruel.
¡Malditos sus ojos sean,
que a la primer vista pueden
hacer que otros ciegos queden!

LEONARDA   Déjalos, Julia, que vean;
que es bien que tan buenos ojos
no pierdan porque me vieron.

JULIA   ¡Por mi agüela, que te dieron
muy aprisa los antojos!
¡Rabia en él!

LEONARDA   No digas eso.
Dios le guarde. ¿Qué te va?

JULIA   ¡Ay!, señora, ¿adónde está
tu autoridad y tu seso?
¿Qué es de aquella gravedad
con que hoy al turbado viejo
subiste al cielo el espejo
de tu fama y castidad,
y [del] melindre que hiciste
de verte en el de cristal?

LEONARDA   No me predicas muy mal.
JULIA   Calla ahora, no estés triste.
             ¿Ello ha de ser tempestad,
             o cosa para de asiento?
LEONARDA   Estoy sin entendimiento
             del mal de la voluntad.
JULIA   Ahí falta una potencia;
             sangrarse de ella, y a Dios.
LEONARDA   ¡Amor, esto podéis vos!
JULIA   ¿Que hombre te agrada en Valencia?
             ¿Que ya no eres tú la helada,
             la santa, la recogida?
LEONARDA   No me hables en tu vida,
             necia, no me digas nada;
             que todo será acesorio
             si me tengo de perder.
JULIA   No sé qué tengo de hacer
             de los libros y oratorio.
             Pues ¿qué dirá fray Luis?
             ¿Y aquellas cosas tan altas?
LEONARDA   ¡Oh mujeres, cuantas faltas
             hasta la prueba encubrís!
             ¡Quién vio mi celo y mi pecho,
             oh mancebo, antes de verte!
             Pero el rigor de la muerte
             no es conmigo de provecho.
             No me tengo de casar,
             si el mundo está de por medio.
JULIA   Yo, señora, sé un remedio.
LEONARDA   ¿No te he mandado callar?
             Si no te hubiera criado,
             la cara te deshiciera.
             ¡Vesme ardiendo, y como fiera

te burlas de mi cuidado!
Pues remedio he de tener
sin perder mi punto y fama,
y he de aplacar esta llama
cruel.

JULIA   Todo puede ser.

(Sale URBÁN, escudero mozo.)

URBÁN   ¡Oh! ¡Gracias a Dios que os hallo!
            ¿Hasta cuándo era el rezar?
            ¿Quería desos quedar
            para la misa del Gallo?
            En días de jubileo
            no te querría servir.

LEONARDA   ¿Tan presto nos hemos de ir
            una tarde que el sol veo?

URBÁN   No sueles tú decir eso,
            que aun te ofende su arrebol.

LEONARDA   Ya quiero sol.

URBÁN   Anda al sol.

JULIA   [Aparte.]
            (Déjala, que está sin seso.

URBÁN   ¿De qué? ¡Válame san Blas!)

LEONARDA   Mira si está el coche a punto.

URBÁN   Ya, señora, lo pregunto.

LEONARDA   Vuelve, necio, ¿dónde vas?

URBÁN   Por el coche del sol iba,
            para que al sol nos andemos.

(Salen CAMILO, galán, y FLORO, su criado.)

CAMILO   ¡Gentil recado tenemos!

	Dile tú que no me escriba.
FLORO	No le rasgues, por el tiempo
	que la amaste.
CAMILO	Ya está hecho.
FLORO	¿Qué aun eso no es de provecho?
CAMILO	Es cosa de pasatiempo.
LEONARDA	[Aparte.]
	(Urbán, ¿ves este mancebo?
URBÁN	Muy bien.
LEONARDA	Pues llega el oído.
URBÁN	¿Casa y nombre? Ya).
FLORO	No ha sido
	ese tu desdén muy nuevo.
	Siempre con esa mujer
	esta aspereza tuviste.
LEONARDA	Vamos, Julia.
JULIA	Ven.
LEONARDA	¡Ay, triste!
	¿Si te he de volver a ver?

(Vanse LEONARDA y JULIA.)

URBÁN	¡Por mi fe, bueno he quedado
	a saber su casa y nombre
	de este galán gentilhombre!
CAMILO	No quiero amor ni cuidado.
	Estese Celia en su casa,
	dé favor a quien quisiere,
	hable, si su gusto fuere,
	al que llega o al que pasa;
	busque un nuevo moscatel
	a quien con celos engañe;
	que ya a mí no hay qué me dañe,

	si no es la lástima de él.
URBÁN	[Aparte.]
	(Siempre fue bueno traer
	tintero y escribanía).
	¡Ah, caballero! Querría...
CAMILO	Hablad, ¿qué queréis?
URBÁN	Saber
	si acaso os habéis escrito
	en el santo jubileo
	por cofrade.
CAMILO	Antes deseo
	serlo, buen hombre, infinito.
	¿Qué se paga?
URBÁN	Sólo un real.
CAMILO	Veis aquí dos por los dos.
	Tomad.
URBÁN	Recíbalo Dios.
	El nombre y casa nombrad.
CAMILO	Camilo, y vivo a San Juan.
URBÁN	¿Sois noble?
CAMILO	Bastantemente.
URBÁN	Dígolo porque se asiente.
	¿Su buena gracia, galán?
FLORO	Yo, Floro.
URBÁN	Basta; yo vuelvo
	a la iglesia.
CAMILO	Andad con Dios.
	[Vase URBÁN.]
	Cofrades somos los dos.
FLORO	¿Rezarás?
CAMILO	Hoy me resuelvo...
	¡Vive Dios, que di un doblón
	al hombre por dos reales!

FLORO   ¡Ahora con eso sales?
           Ya no tiene redención.
CAMILO   Entra, que aún habrá reparo.
FLORO   Con eso te dijo allí
           que er[a]s noble.
CAMILO   ¡Oh, pesia mí,
           que soy cofrade muy caro!

(Vanse. Salen LEONARDA, JULIA y URBÁN.)

LEONARDA   ¡Gentil industria tuviste,
           Urbán!
URBÁN   Soy flor de los hombres.
LEONARDA   ¡Qué bien sus casas y nombres
           en el papel escribiste!
           ¿Que, al fin, Camilo se llama?
           ¿Eso más tiene del muerto?
URBÁN   Sin duda el ser noble es cierto,
           aunque ignoramos su fama.
           ¿Qué argumento como ver
           que en tan fácil ocasión,
           por un real me dio un doblón?
JULIA   Liberal debe de ser.
           Cierto que fue gran nobleza.
LEONARDA   Di, Julia, ¿qué no tendrá
           a quien tales gracias da
           la franca naturaleza?
URBÁN   Eso de gracia no vi
           jamás, por vida de Urbán,
           hombre más bello y galán
           desde el día en que nací.
           ¡Qué rostro, qué compostura!
           ¡Qué barba tan aseada!

¡Qué mano tan regalada!
Pareciome nieve pura.
¡Qué cuerpo, qué pierna y pie!
¡Qué [afable], qué discreción!
¡Qué lindo dar de doblón!
Y ¡qué afición le cobré
cuando le vi relucir!

LEONARDA Ahora bien, ya no es posible
sufrir el fuego insufrible
de que me siento morir.
Amigos, grande flaqueza
os parecerá la mía;
pero mi pecho confía
de vuestro amor y nobleza.
Desde mis padres habéis
servido siempre esta casa,
yo sé al estremo que pasa
el amor que me tenéis.
Supuesto que no pretendo
casarme ni sujetarme,
hoy habéis de remediarme,
hoy mi vida os encomiendo.
En vuestra lengua y secreto
está mi opinión y fama.

URBÁN O tu temor nos disfama,
o es de tu amor este efeto.
¡Vive Dios, que si en un potro,
o con oro me engañasen,
palabra no me sacasen
por eso ni por esotro!
Fía de Julia y de mí,
y di lo que hemos de hacer.

LEONARDA Tú mi remedio has de ser.

Escúchame atento.

URBÁN Di.

LEONARDA Ya ves cómo anda alterada
con sus máscaras Valencia.

URBÁN Bien.

LEONARDA Pues con esta licencia,
ponte una ropa estremada,
y una máscara, y camina
a hablar aquese galán,
y dile en disfraz, Urbán,
que una dama se le inclina,
y que le [ama] tiernamente,
y que la podrá gozar
como hoy te quiera esperar
del Real dentro en la puente.
Y si te dice que sí,
esta noche irás por él.

URBÁN Luego ¿bien ha de ver él
adónde vives y a mí?

LEONARDA No, que con máscara irás,
y para que nada note,
le pondrás un capirote,
con que a casa le traerás.
Entrará a escuras, y cuando
se haya de ir, vuelto a poner,
¿a quién podrá conocer?

URBÁN ¡Brava industria vas trazando!
¡Qué bueno vendrá el halcón!
Pero yo, ¿en qué me detengo?
Parto.

LEONARDA No tardes.

URBÁN Ya vengo.
[Vase.]

JULIA   ¿Quién te dijo esta invención?
LEONARDA   Amor, que tiene a los pies
             a cuantos han estudiado.
JULIA   Paréceme que han llamado.
LEONARDA   Anda, ve, mira quién es.
             [Vase JULIA.]
             ¿Qué habrá que una mujer determinada
             no intente por su gusto? ¿Qué tormento
             la mudará del firme pensamiento,
             qué fuego, qué cordel, qué aguda espada?
             ¿Qué gigante con furia más airada
             intentará subir al firmamento,
             o qué Alcides con más atrevimiento
             al centro bajará con alma osada?
             Efetos son de un niño poderoso
             haber mi hielo con su [amor] vencido,
             y aquella fe de mi primero esposo.
             Yo he sido como río detenido,
             que va, suelta la presa, más furioso;
             y es lo más cierto que mujer he sido.

(Sale JULIA.)

JULIA   No sé qué gente está aquí,
             que libros y estampas vende.
LEONARDA   Si es máscara, ¿qué pretende?
JULIA   Yo sin máscara le vi.
LEONARDA   Pues para que no parezca
             que mi devoción se muere,
             entre y veamos qué quiere,
             o si hay qué comprar se ofrezca.

(Sale OTÓN, de estranjero, con libros [en] una cesta.)

OTÓN   Dios guarde a vuesa merced
            y le dé un gentil marido.
LEONARDA   En que no lo haya querido
            me ha hecho mucha merced.
OTÓN   ¿Por qué, teniendo ese talle?
LEONARDA   Mostrad; ¿qué libros vendéis?
OTÓN   Uno traigo, que podéis
            por poco precio compralle.
            Mas es una historia mía,
            y sois vos muy recatada.
LEONARDA   [Aparte.]
            (¡Qué cifra tan estremada!
            Julia, ¿no te lo decía?)
            ¿Quién es este?
OTÓN   Es El pastor
            de Fílida.
LEONARDA   Ya lo sé.
OTÓN   Y Gálvez Montalvo fue,
            con grave ingenio, su autor.
            Con hábito de San Juan
            murió en la mar, y yo muero
            en mar más profundo y fiero.
LEONARDA   ¿Sois librero, o sois galán?
OTÓN   No se lo sabré decir.
            Aqueste es La Galatea,
            que si buen libro desea,
            no tiene más que pedir.
            Fue su autor Miguel Cervantes,
            que allá en la Naval perdió
            una mano, y pierdo yo...
LEONARDA   [Aparte.]
            (Calla, Julia, no te espantes).
            ¿Qué perdéis?

OTÓN	El alma y vida,
	y por otra Galatea
	más cruel que fue Medea,
	y menos agradecida.
LEONARDA	¿Quién es este?
OTÓN	Es Espinel.
LEONARDA	¿Qué trata?
OTÓN	Solas canciones;
	mas tiene lindas razones
	y hay graves versos en él.
	Quiso bien hasta morir;
	mas no del mal que yo muero.
LEONARDA	¿Sois galán, o sois librero?
OTÓN	No se lo sabré decir.
	El Cancionero está aquí;
	mas lleno de disparates.
LEONARDA	De mal impreso no trates.
OTÓN	Mejor impreso está en mí...
LEONARDA	¿El qué?
OTÓN	Un eterno servir,
	un amar, un padecer.
LEONARDA	¿Es requebrar, o vender?
OTÓN	No se lo sabré decir.

(Sale VALERIO, en hábito de mercader, con estampas.)

JULIA	El estampero se ha entrado.
	¡A la rica estampa fina!
LEONARDA	[Aparte.]
	(Mal mi sospecha adivina,
	o este trato es concertado;
	que el uno y otro galán,
	que este engaño concertaron,

las máscaras se quitaron
en allegando al zaguán.
Julia, ¿es esto conveniente
a mi encerramiento?

JULIA   Creo
que te engañan.

LEONARDA Bien lo veo.
¡En mi casa tanta gente!)

VALERIO   [Aparte.]
(¿Acá está primero Otón?)

OTÓN   [Aparte.]
(¿Que Valerio vino acá?)

LEONARDA ¿Qué vendéis?

VALERIO   Vos lo veis ya;
vendo el mismo corazón.

LEONARDA Mostrá, ¿Qué es este papel?

VALERIO   El Adonis del Tiziano
que tuvo divina mano
y peregrino pincel.
¡Oh, quién este hubiera sido
cuando fue tan regalado!
Pues muero desesperado,
y él murió favorecido.
Esta, por vida de Aurelio,
que es de las ricas y finas,
que es de Rafael de Urbinas
y cortada de Cornelio.
Esta es de Martín de Vos,
y aquesta de Federico.

LEONARDA Mal a estas cosas me aplico.
¿No traéis cosas de Dios?

VALERIO   Sí traigo. Aquí hay una estampa
del matrimonio escogida.

LEONARDA   Ese no espero en mi vida.
VALERIO   Mal su estampa se os estampa.
           Pues no sé yo por qué sea;
           que hay mil que esperan un sí,
           y por ventura está aquí
           un hidalgo que os desea.
           Soy Valerio, aunque me veis
           que esta máscara he tomado.
OTÓN   Pues ya va tan declarado,
           a Otón delante tenéis;
           soy rico y soy caballero,
           y pierdo el seso por vos.
LEONARDA   ¿No hay aquí quien a los dos
           les pague en mejor dinero?
           ¡Hola!

    (Salen dos CRIADOS.)

CRIADO 1º Señora...
LEONARDA   Al librero
           y al que los papeles vende...
OTÓN   Pues, señora, ¿qué te ofende
           pedirte nuestro dinero?
LEONARDA   Ea, ¿qué aguardáis, criados?
VALERIO   Paso, no os alborotéis.
LEONARDA   ¿Libertades me vendéis?
           ¡Libros, por mi fe, estremados!
           ¡Hola, cargaldos de palos!
VALERIO   No harán tal, que irnos sabremos.
OTÓN   Ni esa afrenta sufriremos.
CRIADO 2º ¡No están los gabachos malos!
CRIADO 1º Con pastillas y perfumes
           aguarda otro para entrar.

CRIADO 2º Ea, empiecen a bajar.
VALERIO ¡Que en tal crueldad te resumes!
LEONARDA Cerrad la puerta, y quien llama
            traerá menos libertad.
VALERIO [Aparte.]
            (Julia, ¿no hay más amistad?
JULIA Calla, no lo oiga mi ama.)

(Vanse. Salen CAMILO y URBÁN, vestido de máscara.)

CAMILO Máscara, juro por Dios
            que grande empresa acometo,
            y sin saber quién sois vos.
URBÁN Camilo, aqueste secreto
            ha de ser entre los dos.
CAMILO Pues me da el alma esa dama,
            ¿no me fiará su fama?
            ¿No pudiera yo servilla,
            y hablalla, vella y oílla,
            y saber cómo se llama?
URBÁN No habemos de hablar en eso;
            que en quiriendo saber algo,
            queda perdido el suceso.
CAMILO Juro por la fe de hidalgo
            que me hacéis perder el seso.
            Si yo tuviera enemigos,
            los cielos me son testigos
            que era engaño claro y visto;
            mas no hay hombre tan bienquisto
            ni que tenga más amigos.
            Fuera de eso, estoy contento
            que digáis que hasta el retrete
            entre armado a mi contento,

	y que lleve un pistolete.
URBÁN	Llevá uno, llevá ciento.
	Si no os falta habilidad,
	valor, gusto y voluntad,
	que el interés lo atropella,
	gozáis la cosa más bella
	que tiene aquesta ciudad.
CAMILO	¿Qué importa que bella sea,
	si a escuras he de gozalla?
	Antes presumo que es fea.
URBÁN	En hablalla y en tocalla
	habrá luz con que se vea.
	Si os pesare y os cansare,
	no volváis.
CAMILO	No hay qué repare
	más que en el ir tan cubierto.
URBÁN	Esa es la ley del concierto.
	Mirad si hay más que os declare.
CAMILO	¿Que cubierto tengo de ir?
URBÁN	Y de esa suerte, Camilo,
	habéis de entrar y salir.
CAMILO	¡Brava industria, bravo estilo!
URBÁN	Todo lo habéis de sufrir.
CAMILO	Y ¿adónde os he de aguardar?
URBÁN	A las [diez] podéis estar
	del Real puesto en la puente;
	y guardaos de llevar gente,
	porque no os tengo de hablar.
CAMILO	[Aparte.]
	(¿Por ver a Italia no pasa,
	o las naciones francesas,
	quien deja su patria y casa?
	Por las Indias portuguesas,

mil largos mares traspasa.
¿No deja el otro su tierra
por ver la estranjera guerra?
Por una fiesta, ¿no hay mil
que están entre gente vil,
donde el calor los entierra?
¿No está alguno al sol y al hielo,
esperando a ver salir
el tímido conejuelo,
y el pescador por asir
el pez simple en el anzuelo?
Pues yo, mozo y orgulloso,
¿qué me escuso temeroso
de ver este encantamento?)
Camina, que soy contento.

URBÁN   Si vais, vos seréis dichoso.

CAMILO   A la hora concertada,
en la puente me hallaréis.

URBÁN   ¡Qué noche tan regalada
con aquel ángel tendréis!

CAMILO   A lo menos, encantada.

URBÁN   Ella estará prevenida.
A Dios.

CAMILO   Ya vuestra partida
aguardo.

URBÁN   Será muy presto.

CAMILO   Yo he de saber lo que es esto,
aunque me cueste la vida.

Acto II

Sale CAMILO.

CAMILO
¡Buen ánimo, pensamiento,
de temeridad vestido!
Al puesto habemos venido
donde vuestro atrevimiento
me lleva a vencer vencido.
Entre el temor y el deseo,
con quien batallo y peleo,
tantas veces quedo y voy,
que con estar donde estoy,
otras tantas no lo creo.
¿Qué sé yo si algún contrario,
de invidia de verme noble,
me forja este trato doble,
donde sea necesario
el sufrir espada o roble?
Bravamente el cuello humillo,
como simple corderillo,
que ser vendido no ve,
que va él propio por su pie
al carnicero cuchillo.
Mas yo jamás he entendido
que haya hecho a hombre ofensa.
Mal mi entendimiento piensa,
que el que a ninguno ha ofendido
bien camina sin defensa.
Y más que aquel que me ha dado

las nuevas de este cuidado
me ha dicho que armarme puedo;
pero fue por darme miedo,
que anda siempre el miedo armado.
Pero aunque vaya cual voy,
¿de qué peligro me escapa,
si al fin los ojos me tapa?
Que, pues sin ojos estoy,
bien puede echarme la capa.
¿Quién oyó jamás tal cosa,
que una mujer tan hermosa,
que tanto a un hombre desea,
no permita que la vea?
¡Qué fama tan vergonzosa!
¿Y qué sé yo si pensando
que abrazo algún ángel bello,
a un demonio enlazo el cuello
que ascuras anda volando
porque es indigno de vello?
¿O que fuese alguna vieja,
ya sin pestaña ni ceja,
con unos dientes postizos,
que me hiciese con hechizos
andar como simple oveja?
¿O fuese alguna cuitada,
herida de mal francés,
que me hiciese andar después,
por un hora de posada,
muerto dos años o tres?
Mas gente viene a la puente.

(Sale URBÁN, vestido con una máscara, y un capirote
de bayeta en la mano.)

Urbán	Solo está un hombre. ¿Qué gente?
Camilo	¿Es acaso aquel amigo?
Urbán	Quien te sirve está contigo.
Camilo	¡Que esto un hombre cuerdo intente!
Urbán	¿Hay alguien que vernos pueda?
Camilo	Las estrellas y la luna.
Urbán	Mas que no dé luz ninguna.
	¡Oh, cuál aquel ángel queda!
	Dichosa fue tu fortuna.
Camilo	No niego que es muy dichosa;
	mas sea fea o hermosa,
	para aborrecer y amar,
	si ascurasla he de gozar,
	¿no es todo una misma cosa?
Urbán	¿Una misma? ¿De qué suerte?
	Un cuerpo grueso y perfeto,
	¿no hay más gusto que despierte,
	que tocar un esqueleto
	como pintan a la muerte?
	Lo hermoso es como el olor,
	que aquel natural valor
	se conoce, mira y huele,
	por la suavidad que espele.
Camilo	¿Soy herbolario o doctor?
	¿Qué me importan a mí olores?
	Los ojos hacen gozar;
	que aquel ver causa el hallar
	suavidad en los amores,
	y el conocer y el tratar.
	Que por lo contrario el ciego,
	como yo a esa dama llego,
	es en el deleite igual
	a cualquier bruto animal.

URBÁN   Ese argumento te niego;
                que ese en la imaginación
                fabrica un rostro no más;
                mas si tú despierto estás,
                mirando con atención,
                mucho del vivo verás.
                Hay ojos que en tales puntos
                hacen fuego, y cuatro juntos,
                ¿qué cielo y tierra no ven?
CAMILO   Algunos habrá que estén
                en ese tiempo difuntos.
                Ella, ¿es moza?
URBÁN   No has de vella.
CAMILO   ¿Casada, o doncella en duda?
                ¿Es viuda?
URBÁN   Es tal, que se muda
                en casada y en doncella,
                y otras veces en viuda.
                Ni es viuda, ni casada,
                ni doncella, ni violada
                de alguno que la desdeña.
CAMILO   De esa suerte, será dueña
                entre algodones guardada.
                ¡Válate Dios por señora,
                si te acabo de entender!
                [Aparte.]
                (Engaño debe de haber.
                ¿Cosa que fuese este agora
                algún hombre y no mujer?
                Pero ¿tan lindo era yo?
                ¡Oh, qué tentación me dio
                de quitarle el rostro a este,
                aunque la dama me cueste

que tan poco me costó!
Mas gran deseo me inflama,
y este brío que hay en mí.)
Amigo, vamos de aquí
a ver esa escura dama
de aquellas que nunca vi.

URBÁN   Poneos el capirote.

CAMILO   ¿Quién habrá que no me note
de loco?

URBÁN   Jamás lo fuistes.

CAMILO   ¡Aun de bayeta le hicistes!
¿No fuera de chamelote?
(Pónele el capirote a CAMILO.)
¿Hay mucho que andar?

URBÁN   Gran rato.

CAMILO   Ahora llevadme al río
y remojaréisme el brío.

URBÁN   Todo es verdad cuanto os trato.
No os enojéis, señor mío.

(Sale OTÓN, y ase CAMILO de la pretina a URBÁN.)

OTÓN   Noche de estrellas vestida,
que mis pasos y mi vida
guías a la sepultura,
vuélvete negra y obscura
porque algún favor te pida.
Porque aunque al campo he salido,
donde debiera el sosiego
templar este ardor tan ciego,
algo más anda encendido
con el desdén de [hoy] mi fuego.

URBÁN   [Aparte.]

	(Un hombre hemos encontrado; asidme de la pretina.)
Otón	¡Hola! ¿Quién va? ¿Quién camina?
Camilo	[Aparte.]
	(¡Yo vengo muy bien armado, sin ojos, como gallina!)
Otón	¿No respondéis?
Camilo	[Aparte.]
	(Yo voy bueno. Oh, si descargase el trueno!)
Urbán	Máscara soy.
Otón	¡Gentil loco!
Urbán	Habemos bebido un poco, y andámonos al sereno. Echad, señor, por aquí.
Camilo	¡Oh, san Blas, sed en mi ayuda!

(Vanse URBÁN y CAMILO.)

Otón	¡Bravamente el vino muda! Y amor es lo mismo en mí por aquesta ingrata viuda. ¿Posible es que pueda aquesta ser tan casta y tan honesta, y tan Artemisa en fe, y que a tanto hidalgo dé un mismo «no» por respuesta? No es posible; aquí hay maldad. Yo sospecho que es fingida la santidad de su vida; que suele la santidad ser flaca y descolorida. Viuda tan regalada

y que come descansada
tres o cuatro mil de renta,
¡tan moza vive contenta,
a la media noche helada!
Que se encierre en lo postrero,
que tenga buena opinión
de que trata de oración,
¿qué importa, si el despensero
compra el pavo y el capón?
Ahora, yo no he de dormir
cien noches, y he de acudir
todas a su calle y puerta,
y si alguno la despierta,
¡vive Dios, que ha de morir!
Ya el sufrir la escarcha helada,
aunque aquí poco se usa,
o el sueño, no se me escusa.
Piedra soy de su portada,
como si fuera Medusa.

(Vanse y sale LEONARDA en traje galán, y JULIA.)

LEONARDA Las telas y terciopelos
no sé si están bien colgados.
JULIA Están, señora, estremados;
vuelve, por tu vida, y velos.
LEONARDA En esa sala, ¿está bien
aquesa tapicería?
JULIA Tenerla el virrey podría,
y aun el mismo rey también.
LEONARDA ¡Qué a propósito es la historia!,
que es de Jacob el amor.
JULIA Diversa dirás mejor

	del fin de tu presta gloria;
	que esperó catorce años
	lo que tú en un hora tienes.
LEONARDA	¡Plega a Dios que tantos bienes
	no paren en tantos daños!
	Urbán tarda. ¿Qué haremos?
JULIA	Un poco puedes jugar.
LEONARDA	No le debió de agradar.
	¡Ay, triste!
JULIA	No hagas estremos;
	que no es eso de creer
	de un mozo tan belicoso.
LEONARDA	¡Ay mira que en ser hermoso
	algo tendrá de mujer!
	Cuanto más que ¿qué Roldán
	sufriera cubrirse así,
	y ascuras venir aquí?
JULIA	¡Un mozo hidalgo y galán,
	un mancebo varonil,
	no como otros mujeriles,
	con quien fuera el mismo Aquiles
	ahora cobarde y vil!
	Leandro, ¿no pasó el mar
	dos mil veces animoso?
LEONARDA	¿No ves que eso es fabuloso?
	Y después de ver y hablar;
	y en la torre, contra el viento,
	luz [se] solía encender,
	y aquí no la ha de tener
	dentro del mismo aposento.
	Si dijeras el romano
	que en un hueco se arrojó,
	o el que el puente acometió,

	o el que se quemó la mano,
	aun aquesto verdad fue.
JULIA	Dame albricias.
LEONARDA	No lo creo.
JULIA	¡Ea!
LEONARDA	Toma aquel manteo,
	Julia, que ayer me quité.
JULIA	¿Es aquel de oro y morado?
LEONARDA	Dame la máscara presto,
	y toma la tuya.

(Sale URBÁN, y CAMILO.)

URBÁN	Al puesto,
	Camilo, habemos llegado.
CAMILO	Pues escalera subí,
	ya estaré en el aposento.
LEONARDA	Dalde una silla al momento.
URBÁN	Asiéntate.
CAMILO	¿Adónde?
URBÁN	Aquí.
CAMILO	¿Quién es aquella que habló?
URBÁN	Mi señora.
LEONARDA	Y vuestra esclava.
CAMILO	¿Es la que de hablar acaba?
	¡Oh, pesia a quien me parió!
	El capirote me quito.
	(Quítasele.)
	¡Par Dios, ascuras estoy!
LEONARDA	Por eso licencia os doy,
	y se os perdona el delito.
	Dadme silla junto a él.
CAMILO	¿Hay más lindo encantamento?

LEONARDA ¡Ay, señor, con vos me asiento!
CAMILO   ¡Por Dios, que es hecho cruel!
Ya me enciende el corazón
amor sin luz, pues no veo;
que ha tocado en el deseo
como a piedra el eslabón.
Como el hombre que está ascuras,
[y] para encenderla toca,
fue en mi alma vuestra boca,
que ha dado centellas puras.
Yesca ha sido el corazón,
que era materia dispuesta,
y el golpe fue la respuesta,
y la lengua el eslabón.
Tengo una luz encendida
en el alma que os ve y trata,
si el aire no me la mata
de veros escurecida.
No os vea yo como ciego
dentro en la imaginación,
porque parece invención
haber tinieblas y fuego.
Si no es mi fianza buena,
no se comience la historia;
y pues es limbo sin gloria,
no sea limbo con pena.
Sed vos, para que yo os vea,
como pintor estremado,
que aunque la noche ha pintado,
deja luz con que se vea.
Yo soy un hidalgo noble,
que si cara a cara os trato,
fío de mi honrado trato

que os parezca bien al doble.
Esto he de alcanzar de vos.
¡Ea, dadme aquesa mano!

LEONARDA ¿Mi mano? Tomad.

CAMILO Ya es llano
que lo concedéis, ¡por Dios!

JULIA [Aparte.]
(A fe, que no es necio el hombre.

URBÁN Bien habla.

JULIA Por lindo estilo).

LEONARDA Pues, por vida de Camilo...

CAMILO Ese es, señora, mi nombre.

LEONARDA ...que no pienso que he hecho poco
en daros luego mi mano.

CAMILO Digo que es bien soberano,
digo que me vuelvo loco.

LEONARDA Decid, ¿y paréceos bien?
No me la apretéis. ¡Jesú!

CAMILO Que la mano es de Esaú,
y la voz no sé de quién.

LEONARDA Traigan luz por eso solo.
(Va JULIA.)

URBÁN Ya se descubre el farol.

CAMILO Luz pido donde está el sol;
pero está eclipsado Apolo.

(Sale JULIA.)

JULIA La hacha está aquí.

CAMILO ¿Qué es esto?
¿Todos con máscara están?

LEONARDA Tened las manos, galán;
que aquí no ha de haber más que esto.

En llegando a querer verme,
os harán dos mil pedazos.

CAMILO   En tal sagrado de brazos
no podrán acometerme.
No por su miedo -¡por Dios!
que, pues vine, no le tuve-,
mano y deseos detuve,
mas por mandármelo vos.
¡Qué bello cuerpo tenéis!
¡Qué traje y rico vestido!
Con razón no he merecido
que en mi bajeza fiéis.
¡Bravas telas y brocados!
¡Bravos cuadros y pinturas!
Pero todo queda a escuras
con tales ojos cerrados.
¿Que no hay aquí quien me abone?
Quien me ama, ¿no me fía?

LEONARDA El alma se le confía,
Y [vuesa] merced perdone;
que cuando de su lealtad
más esperiencia se tenga,
haremos que a casa venga
con más luz y claridad.
Siéntese, y no se alborote.

CAMILO   Si la caza no he de ver,
tornadme, amigo, a poner
pigüelas y capirote.
Más valdrá, para estar quedo,
no tener ojos ni oídos,
porque se van los sentidos
tras aquello que ver puedo.
En descubriendo el halcón

para que la caza vea,
ya está cierta la pelea,
y es suyo aquel corazón.
Pero aquí, después de vella
con alguna claridad,
le quitan la libertad
de poder volar tras ella.
Y aun hay otra condición
en esta casa encubierta,
que va la perdiz cubierta
y descubierto el halcón.
¡Aquí de Dios, mi señora!
¿Vos habéis de permitir
que quien os merece oír
no os merezca ver ahora?

LEONARDA Ahora bien, tráiganle
aquí un poco de colación
con que amanse el corazón.

(Va JULIA por colación.)

CAMILO ¿Qué colación, pesia a mí?
¿Cómo tengo de comella,
si ese mismo se me abrasa?
¡Ah! ¡Doyme a Dios con la casa!
¿Que aun no hay una cara en ella?
¿Qué fianzas me habéis dado
para comer, satisfecho
que no es veneno?

LEONARDA Este pecho
que me habéis enamorado.

CAMILO Ligero argumento hacéis.
Id a una tienda embozada

y veréis si os fían nada
por más que el pecho mostréis.
Yo soy aquí mercader,
vos quien rebozada llega;
luego bien la vida os niega
el que no os merece ver.

LEONARDA   Camilo, no os aflijáis
de verme esconder así;
que hay partes, señor, en mí
que vos ahora ignoráis.
Yo os vi, y el alma os rendí
de suerte, en cierto lugar,
que no me escusé de dar
fin a mi cuidado así.
Este remedio busqué
para que entréis donde estáis,
y para que no digáis
con quién ni en qué parte fue.
Si pensáis que aquesto ha sido
no tener crédito en vos,
bien quedará entre los dos
averiguado y reñido.
Joyas os daré en valor
de dos mil ducados.

CAMILO   ¿Buenas?

LEONARDA   ¡Hola! Dame esas cadenas
y ese brinco, dios de amor.
Dame...

CAMILO   Paso; no pidáis
eso, que me dais enojos.
Más quisiera vuestros ojos
que cuantas joyas me dais.
Diéradesme esos zafiros,

y los rubíes y perlas
de esa boca, que por verlas
pudiera con más serviros.
También hay oro en mi casa.
Gracias a Dios, no soy pobre.

LEONARDA Deseo que más os sobre
que de Oriente a España pasa.
Pero por señal de amor,
esta sortija tomad,
que en vos tendrá calidad.

CAMILO Y esta en vos tendrá valor.
Servíos de que en mi nombre
la traiga esa blanca mano.

(Sale JULIA, con la colación.)

JULIA La colación viene.
CAMILO En vano
viene, a fe de gentilhombre,
que no tengo de comer.

LEONARDA A lo menos el probar
no lo podéis escusar,
que soy honrada mujer.

CAMILO ¿Es lo del veneno?
LEONARDA Sí.
¡Por mi vida, que probéis!

CAMILO Si ese juramento hacéis,
haya mil muertes aquí.
Quiero tomar el veneno
que Alejandro del doctor;
que donde la fe es mayor,
no le hace el daño ajeno.

URBÁN [Aparte.]

	(¡Oh, lo que sabe de historia!
JULIA	En verdad que es muy leído.
URBÁN	No lo toméis tan pulido,
	que en verdad que es zanahoria).
	Entro, y la bebida saco.

(Vase.)

CAMILO	[Aparte.]
	(Donaire tiene, por cierto);
	pero hagamos un concierto.
LEONARDA	[Aparte.]
	(Es discreto y es bellaco).
CAMILO	Si esto pasa entre los tres,
	que sois vos y estos criados,
	para hablar o ser llamados
	sin nombres, trabajo es.
	Quierooslos poner fingidos,
	que yo así me entenderé.

(Sale URBÁN con la bebida.)

URBÁN	Bebed.
CAMILO	Luego beberé.
URBÁN	Bebed.
JULIA	[Aparte.]
	(Están divertidos.
URBÁN	Estos mozos confitados,
	todo almíbar y jalea,
	que no hay ninfa que tal sea,
	de boca y dedos mirlados,
	me hacen perder el seso).
	Bebed.

CAMILO   Mostrad, beberé.
URBÁN   [Aparte.]
            (¡Qué poco y qué a tiento fue!)
            Diga, ¿y harale mal eso?
CAMILO   Tras tanta plata, ¿qué espero?
            No me muestren más, señora.
URBÁN   [Aparte.]
            (Haga melindres ahora,
            harase después un cuero.
            Pues esta va por mi ama,
            y esta, Camilo, por vos;
            esta, Julia, por los dos;
            que bien bebe quien bien ama.
JULIA   Escucha, o vete de ahí;
            que nombres nos quiere dar
            para podernos llamar.
URBÁN   Escucho. Esta va por mí).
LEONARDA   ¿Cómo me pensáis llamar?
CAMILO   A vos os llamo Diana,
            y está la razón muy llana.
LEONARDA   Esa podéis declarar.
CAMILO   ¿No es luna y alumbra?
LEONARDA   Sí.
CAMILO   ¿No se escurece y desdora?
URBÁN   [Aparte.]
            (¡Oh, qué bien!
JULIA   Escucha ahora.
URBÁN   Escucho. Esta va por mí).
CAMILO   Vos tendréis Iris por nombre,
            que es de Diana mensajera,
            y vos, Mercurio.
LEONARDA   ¿Pudiera
            darse a todos mejor nombre?

Urbán   [Aparte.]
             (En fin, ¿que Mercurio a mí?
             ¿Baco no fuera mejor?
Julia   Escucha un poco, hablador.
Urbán   Escucho. Esta va por mí).
Leonarda Ya es tarde, y es bien que os vais;
             que hablando no se ha sentido
             tiempo y noche que han corrido.
Camilo   ¿Que, al fin, cubierta os quedáis?
Leonarda Noches quedan, mi Camilo;
             esto por ahora baste.
             Llévale donde le hallaste,
             ¡hola!, por el mismo estilo.
Urbán   Encajaos el capirote.
Camilo   ¿No os he de abrazar primero?
Leonarda Sí, por cierto.
Camilo   ¡Ah, bien ligero!
             Paso.
Urbán   Alto sois de cogote.
Leonarda ¡Pues, necio, así le lastimas!
Urbán   Nunca vos haréis buen son.
             Bendiga Dios buen bordón,
             que dura por treinta primas.
             Asid la pretina bien.
Camilo   Adiós, señora Diana.
Leonarda ¡Ay, cuánto tarda mañana!
             Descúbrome.
Julia   Yo también.
             Entra a recogerte luego.

(Vanse.)

Camilo   ¡Bueno voy! ¡Ah, ciego amor!

URBÁN   ¿Y voy, acaso, mejor?
              ¿Quién manda rezar al ciego?

(Vanse, y sale VALERIO, de noche.)

VALERIO   Sospechas que al más cuerdo enloquecistes,
              y en el más escogido entendimiento
              representastes más quimeras varias
              que la imaginación profunda suele
              del pintor que diseña alguna máquina,
              o el poeta que traza algún discurso,
              ¿dónde lleváis mi loca fantasía
              a desvelarse cuando todos duermen?
              Ya el estrellado carro con su guía
              parece que se humilla a su descanso,
              y declinando van las seis hermanas,
              con la que entre ellas vergonzosa vive;
              y yo, solicitado de vosotras,
              no como estrella estoy en luz ardiendo,
              mas como fuego del eterno abismo,
              por donde dicen que encendido sale,
              cuyas bocas jamás de darle cesan.
              Háseme puesto, y no será por dicha,
              en la imaginación que esta Leonarda,
              entre aquestas imágenes y libros,
              alguna tiene aparte a quien adora.
              Noche, si está allá dentro algún dichoso,
              hazle salir, con dar lugar al alba.
              Mas ¿cómo podré yo saberlo solo,
              siendo esta casa como un tiempo Tebas,
              que se ilustraba de cien puertas grandes?
              Gente viene; tomemos esta esquina
              de la portada, a ver dónde camina.

(Sale OTÓN, de noche, y arrímase VALERIO a una parte.)

OTÓN   Cierta cuestión de amigos y parientes
me ha detenido; perdonadme, calle,
y vos también, ventana venturosa,
si he tardado en venir a saludaros.
¡Ah, mi ventana! ¡Quién de vos supiera
si ha salido por vos algún suspiro!,
que entrado, yo aseguro que son tantos,
que no son más de abril las varias flores,
ni las perlas que el alba entonces vierte.
¡Cuántos Ifis colgados de esas rejas,
que no merecen, de un cabello solo,
piden al cielo que convierta en mármol
aquella que de mármol tiene el pecho!
También vos, puerta... Mas ¿qué es esto?
¡Ay, triste!
¿Qué sombra es esta o qué nueva coluna?
No en balde el corazón me lo decía,
y esta noche el venir solicitaba.
¿Será por dicha aqueste el venturoso
que de la viuda posesión merece?
¿Qué le diré? ¿Qué haré? ¡Viven los cielos,
que se ha de conformar la arquitectura
y que han de estar los mármoles iguales!

(Sale LISANDRO, de noche, y arrímase OTÓN a otra parte.)

LISANDRO   Viuda, así os guarde Dios,
que puesta [a] aquesa ventana,
lo que hay de aquí a la mañana
quisiera pasar con vos.
El «sí» que a todos negáis,

decidme, ¿en que «no» consiste?
Santa y moza, alegre y triste,
zagala, no me agradáis.
Este ser vos tan discreta
hace a mil necios pensar
que os debe de regalar
alguna prenda secreta.
Para que esto no se vea,
¿qué importa que os encerréis,
si las veces que queréis
vais y venís a la aldea?
Este campo y soledad,
estas huertas y jardines,
sin abrir a los maitines,
abren franca libertad.
Viuda, ya no hay quien crea
que estáis sin dueño secreto
del alma, porque en efeto
andáis triste y no sois fea.
Mujer bella, rica y moza
-que basta libre y mujer-,
yo no tengo de creer
que no se regala y goza;
porque aunque más me digáis,
huyendo segunda boda,
que sois Angélica toda,
doyme a Dios si vos no amáis.
¡Que tan desvanecido hablase al aire,
que apenas reparase en que podía
ser escuchado de estas vivas sombras!
En fin, pared, no escapas sin oídos.
¡Oh, casa del mayor peso del mundo!,
ya os arriman gigantes a la puerta,

ya están vuestras colunas revestidas.
¡De noche guardas a las puertas! ¡Bueno!
A fe que a donde tantas guardas ponen,
que hay escondido algún tesoro rico.
Si asisten al sustento de la casa,
sirvamos todos de estantales juntos.
Y pues el irme es caso sin remedio,
hagan lugar, que yo me pongo en medio.

(Pónese en medio de VALERIO y OTÓN, y sale un alguacil con lanterna y criados, y escribano.)

ALGUACIL   ¡Lindo saltose hizo en los del juego!
ESCRIBANO ¡Y qué hermoso dinero se paraban!
ALGUACIL   Aun esta casa tiene más secretos;
           que se da de comer y entran mujeres.
           Yo les haré una información que salten.
           Gente hay en esta puerta. ¿Quién va?
           Ténganse   al Rey!
OTÓN   Tenidos somos; no nos meta
           la lanterna en los ojos.
ALGUACIL   He de verlos
           y desarrebozarlos treinta veces.
VALERIO   Mire que somos caballeros.
ALGUACIL   Créolo;
           mas yo he de verlos por mis propios ojos,
           que suelen engañarnos por momentos.
           ¡Ea!, que es ya...
LISANDRO   Suplícoos que sea aparte.
ALGUACIL   No ha de ser sino aquí. ¡Por Dios, descúbranse!
           ¡Señor Otón, Lisandro, y vos, Valerio!
           ¿Los nombres no pudiérades decirme?
OTÓN   Convínome callarle.

LISANDRO   Y a mí, y todo.
            Mas yo me huelgo de este desengaño
VALERIO   Y yo he tenido por dichosa suerte
            saber así lo que saber temía.
ALGUACIL   De esa manera, ¿puedo estar seguro
            que no he dado disgusto?
LISANDRO   Antes quedamos
            en mucha obligación.
ALGUACIL   Yo soy quien debo.
            Vuesas mercedes, ¿quieren compañía?
OTÓN   Quedarnos cumple aquí.
ALGUACIL   Pues a Dios. Vamos.

(Vase [con el ESCRIBANO y CRIADOS].)

LISANDRO   ¡Que siempre en todo juntos nos hallamos!
VALERIO   Otón es bravo arquitecto.
OTÓN   Y a Valerio, ¿qué le falta?
LISANDRO   Para portada tan alta,
            los tres hicimos efecto.
            Pero túveos mil ventajas.
VALERIO   Estar en medio son mil.
OTÓN   Si no viene el alguacil,
            todos nos hacemos rajas.
LISANDRO   Consuélome que los tres
            fuimos necios por estremo.
OTÓN   Dar aquese nombre temo
            a lo que locura es.
            Pero cuando aqueso fuera,
            el más necio fuistes vos,
            que os metistes entre dos.
LISANDRO   Y entre ciento me metiera,
            aunque fueran Rodamontes.

OTÓN   ¡Ea, león!

LISANDRO   No es burlando;
que puedo, como otro Orlando,
romper árboles y montes.
La necedad en su punto
fue aquello del estampero,
cuando Otón, hecho librero,
entró con Valerio junto.

OTÓN   Con máscaras, ¿no llegamos
hasta la puerta?

VALERIO   Esperad;
que de aquella necedad
iguales partes llevamos;
que él vino de buhonero
con mil rosarios allí,
y no le abrieron.

OTÓN   ¿Ah, sí?
Pues darle el parabién quiero.

LISANDRO   Pues si todo se ha sabido,
por necios todos quedemos,
y el propósito mudemos
en quien la ocasión ha sido,
que habrá bien que murmurar.

OTÓN   Si va de murmuración,
yo diré a qué vino Otón
esta noche a este lugar.

VALERIO   ¿Fue a saber si aquesta puerta
a algún dichoso se abría?

OTÓN   A eso, ¡por Dios!, venía.

LISANDRO   Téngolo por cosa cierta,
porque yo vine a lo mismo.

VALERIO   Y a mí, ¿qué pudo traerme
sino el ver lo mismo y verme

	en este celoso abismo?
Otón	Ya que [nos hemos] hablado,
	confórmese el amistad
	contra la fiera crueldad
	de este ingrato pecho helado.
	De su deshonor tratemos,
	y que pierda la opinión.
Lisandro	¡Oh, qué bien ha dicho Otón!
	¿Qué venganza tomaremos?
	Pero ¿sabéis qué he pensado,
	y nunca lo dije en duda?
Valerio	¿Qué?
Lisandro	Que tiene esta viuda
	galán en casa encerrado.
	Que este no acudir a ver
	ninguna cosa de fuera,
	si en casa no le tuviera,
	¿cómo se pudiera hacer?
	Mujer sola, libre y rica,
	y que a tantos ha negado,
	a fe que hay algún criado
	que al lado de noche aplica.
	Y entre los que tiene, Urbán,
	que es bellacón y discreto,
	tengo sospecha, en efeto,
	que hace oficio de galán,
	porque no se aparta de ella,
	y anda bien puesto y vestido,
	siempre se burla atrevido,
	y habla en secreto con ella.
Otón	¡Vive Dios, que ahora he caído
	en una maldad tan clara!
	Yo le cortaré la cara,

o no seré bien nacido.
¿Quién duda que esto es así?

VALERIO   Yo soy de ese parecer,
que cosas le he visto hacer
de que sospechoso fui.
Y desde aquí le prometo
una grande cuchillada.

LISANDRO   Dejad algo, si os agrada,
para el dueño del secreto;
que también le he yo de dar
una en medio de esas dos.

OTÓN   Amanecido ha. ¡Por Dios,
qué dulce es el murmurar!
Vamos, y hablémonos hoy.

VALERIO   En matarle me reporto.

LISANDRO   ¡Qué narices que le corto!

OTÓN   ¡Qué cuchillada le doy!

(Sale LUCENCIO con una carta, y ROSANO, forastero.)

LUCENCIO   Hela leído y entendido todo,
y contiene que Ercino me da un yerno
para Leonarda, encareciendo el modo
de su nobleza, término y gobierno.

ROSANO   No le aventajan en la sangre el godo
y en gentileza de mancebo tierno
el mismo Adonis, Píramo y Narciso,
ni el más discreto en discreción y aviso.
Como el Gallego escribe; tañe y danza
como otro Julio; y porque más le alabe,
de retratar como Guzmán alcanza
aquella parte que a milagro sabe;
esgrime como el célebre Carranza.

Su oficio es secretario del más grave
príncipe de la corte, donde vive
con gallarda opinión.

LUCENCIO   Así lo escribe.
¿Cuándo salistes de Madrid?

ROSANO   Sospecho que habré tardado solos cuatro días.

LUCENCIO   ¿Hay nuevas?

ROSANO   No sé cosa de provecho.
Pero mucho del caso te desvías;
muéstrame en él más descubierto el pecho,
si acaso de mi crédito le fías;
y muéstrame esta viuda, porque el vella
me importa para darles nuevas della.
Encargáronme mucho que la viese,
que allá tiene gran fama de hermosura.

LUCENCIO   Eso podría ser si ella quisiese;
mas es más que su fama su clausura.
Y aunque de oírlo por ahora os pese,
sabed que es la mujer más bronca y dura
que ha criado la sierra más fragosa,
supuesto que es discreta y es hermosa.
Ha un mes y más que ya no la visito,
sobre esto de tratarle casamientos;
que de mi enojo y suyo en esto quito
malas palabras y desabrimientos;
y si el de aquese hidalgo solicito,
serán, sospecho, vanos pensamientos;
porque quien no se casa aquí en Valencia
menos hará para Madrid ausencia.
Con todo eso, diligencia haremos.

ROSANO   Mucho me habéis, señor, desconsolado;
pero será razón que lo intentemos,
porque diga, aunque mal, que he negociado.

LUCENCIO	Digo que ordenaré de que hoy la hablemos,
	que siempre a Ercino estuve yo obligado.
FLORO	Prosigue, por tu vida, tan buen cuento.
LUCENCIO	Gente es esta; no entienda nuestro intento.

(Vanse y salen CAMILO y FLORO.)

CAMILO	Después de la primer noche,
	como te he contado, Floro,
	en que, como halcón y ciego,
	ciego fui siguiendo a otro,
	otras seis o siete fui
	por el mismo estilo y modo,
	hasta que al fin la gocé,
	sin más luz que de los ojos.
	No había pájaro de estos
	que de noche vuelan solos,
	cuyos ojos no envidiase,
	por ver lo que a tiento adoro.
	Hela cobrado afición,
	sin ver más que lo que toco
	de tacto, como los ciegos,
	que es peregrino negocio.
	He hecho cosas por verla
	-que no pienses que soy corto-
	que hubieran enternecido
	un indio, un bárbaro, un mostruo;
	ya fingiéndome morir
	con suspiros y sollozos,
	ya jurando de no vella
	con juramentos y votos.
	Pero ni por mis ternezas,
	ni por mis rabias y enojos,

	se ha dejado ver; y así,
	estoy encantado y loco.
FLORO	¿Cómo no? ¡Gracioso cuento!
	Lleva tú luz encendida.
CAMILO	Podrame costar la vida,
	Floro, aqueste atrevimiento;
	que si Psiques vio al Amor,
	a quien ascuras gozaba,
	perdió la gloria en que estaba,
	y negoció su dolor.
FLORO	Pues ¿qué has de hacer encantado,
	enamorado sin ver?
CAMILO	Imitar a Amor, y ser
	sin ojos enamorado.
FLORO	¿No puedes llevar un [y]eso
	con que la puerta señales?
CAMILO	Tiene el hombre industrias tales,
	que me hace perder el seso.
	Fuera de la puerta estoy,
	y dice que estoy en casa.
FLORO	Un coche de damas pasa.
CAMILO	Y baja, a fe de quien soy,
	(Salen LEONARDA y JULIA, con mantos.)
	de él una hermosa viuda.
FLORO	Y no es mala la criada.
LEONARDA	Esta huerta es estremada.
JULIA	En ningún tiempo se muda.
LEONARDA	[Aparte.]
	(Julia, Camilo es aquél.
JULIA	¡Ay, señora, ya le vi!)
CAMILO	¿Hay algo en que os sirva aquí?
LEONARDA	[Aparte.]
	(¿Hablaréle?

JULIA	Habla con él; que todo el campo está solo.)
LEONARDA	Yo os agradezco el favor.
CAMILO	Débese a vuestro valor,
	como aquesta luz a Apolo;
	y a ella misma os comparo,
	porque es lo que más deseo
	de cuanto veo, aunque veo
	pocas veces mi bien claro;
	pero en fin, la luz es cosa
	de tanta estima que al suelo
	no la ha dado igual el cielo,
	después de haceros hermosa.
LEONARDA	Mucho la luz estimáis
	para no ser ciego.
CAMILO	Nace de una falta que me hace,
	que no es bien que la sepáis.
LEONARDA	Ello se entiende; es de amor.
CAMILO	Pues más os espantaréis
	si de mi dama sabéis
	que [es el] mismo resplandor.
LEONARDA	¿Es por encarecimiento?
CAMILO	No, sino porque es Diana
	tan divina y soberana,
	que no la veo y la siento.
LEONARDA	¿Cómo Diana? ¿La luna?
CAMILO	La propia.
LEONARDA	Pues no andáis bien,
	que esa mil vistas la ven;
	mas no la toca ninguna.
CAMILO	Pues yo la toco sin vella.
LEONARDA	Sin duda os tengo por loco.
CAMILO	Sí, pues a escuras la toco,
	y me he enamorado de ella.

LEONARDA   Y esa luna, ¿veos a vos?
CAMILO   Ella lo afirma, y es fe
     que cada día me ve;
     mas yo no la veo, ¡por Dios!
LEONARDA   Pues os ve no lo dudéis,
     sino que está enamorada.
CAMILO   Pienso que de mí se agrada.
LEONARDA   Y en los efetos lo veis.
     ¿Hay mujer por quien ahora
     la dejásedes?
CAMILO   Me agravio
     de que ponga vuestro labio
     tal duda en mi fe, señora.
     Si un ángel de hermosa fuese,
     y una romana en valor,
     no es posible que el amor
     a mi imposible perdiese.
LEONARDA   Si la viésedes, yo os juro
     que os trocase el desengaño.
CAMILO   Bien puedo estar de ese daño
     por muchas causas seguro;
     que con las manos la tiento,
     y la frente es estremada
     la nariz perficionada,
     que es de un rostro el fundamento.
     Los ojos son relevados,
     que es señal que buenos son;
     todo esotro es perfeción;
     cuellos y pecho estremados.
     Entendimiento y donaire,
     es locura hablar en ello;
     que no falta más de vello
     para dar el seso al aire.

Pues ¡una Iris que tiene,
y un Mercurio embajador!
No tiene el mundo valor
cuando de su cielo viene.

LEONARDA Vos sois estraño galán;
nunca tal oí decir.

CAMILO Ni a nadie he visto sufrir
la escuridad que me dan;
y aunque en parte mi alegría
con este rigor se aniebla,
más quiero yo mi tiniebla
que alguno estima su día.

LEONARDA Y ¿cómo os llaman?

CAMILO Camilo.

LEONARDA Es justo saber el nombre
de un más que Amadís, de un hombre
que ama por tal estilo;
ahora bien, por muchos años
vuestra Diana gocéis.

CAMILO Si vivo, no lo dudéis,
a pesar de sus engaños.

LEONARDA A Dios, escuro galán.

CAMILO Él un rico esposo os dé.

FLORO [Aparte.]
(Diga: ¿Hablarla no podré
esta noche en el zaguán?

JULIA Vivo junto a la Zaidía;
no quiera dama tan lejos.)

(Vanse LEONARDA y JULIA.)

FLORO Hablado habéis como viejos.
¡Qué ocasión esta, qué día!

	¿Por qué no la requebrabas?
	Que es una viuda bella,
	que andan mil muertos por ella.
CAMILO	¡En mi pensamiento estabas!
	Por ella ni otras más bellas,
	respeto de mi sujeto,
	no se me da, te prometo,
	lo que por mí, Floro, a ellas.
	Esta no vale dos clavos,
	ni cuantas puedes nombrar,
	porque es querer comparar
	los reyes con los esclavos.
	Yo te digo que la mía
	es algún ángel sin duda.
FLORO	¿Tan mala era la viuda?
CAMILO	Así, así; pasar podía.
FLORO	A mí, bien me pareció.
CAMILO	¡Ah, Floro, si aquesta vieras,
	qué bien que la encarecieras!
FLORO	La viuda tomara yo.

(Sale URBÁN, con la espada desnuda, retirándose de OTÓN, LISANDRO y VALERIO.)

URBÁN	¡Tres hombres, a uno solo!
OTÓN	¡Muera el perro!
URBÁN	¿No me diréis qué ofensa os hice?
VALERIO	¡Muera!
CAMILO	¡Paso, señores, ténganse! ¡Ya basta!
	Si estar yo de por medio en cortesía
	de caballero recebirse suele,
	Camilo soy, y amigo soy de todos.
FLORO	Ponte detrás.

URBÁN	Vinieran uno a uno...
OTÓN	Él tuvo en vos, Camilo, buen padrino;
	que es un lacayo vil, desvergonzado.
CAMILO	No haya más, por mi vida, que por dicha
	no os habrá conocido.
VALERIO	Basta y sobra
	quererlo vos.
LISANDRO	¿Mandáis en qué os sirvamos?
CAMILO	Quedo en obligación notable.
OTÓN	Vamos.

(Vanse OTÓN, LISANDRO y VALERIO.)

CAMILO	Decid, hombre del diablo, ¿qué habéis hecho
	[a] aquestos caballeros?
URBÁN	Buen Camilo,
	después de echarme a vuestros pies, os juro
	que ni en obra, palabra o pensamiento,
	los ofendí jamás.
CAMILO	Pues sin ofensa,
	¡caballeros mataban en cuadrilla
	un hombre solo! No es posible.
URBÁN	Es cierto,
	y puede ser que se hayan engañado
	y tenídome a mí por otro.
CAMILO	Créolo.
FLORO	En gentil escampado os la juraban.
CAMILO	Vamos con él hasta su casa, Floro.
URBÁN	Hasta la puerta de la ciudad basta.
FLORO	A mi señor estáis bien obligado.
URBÁN	[Aparte.]
	(Si se lo debo, bien se lo he pagado.)

Acto III

Sale CAMILO y CELIA, dama, con manto.

CAMILO   Calla y déjame.
CELIA   ¿Qué calle?
CAMILO   Después iré.
CELIA   No hay después.
CAMILO   ¿Tan loca estás, que no ves,
    Celia, que estás en la calle?
CELIA   En la calle y dondequiera
    tengo por cuerda razón
    que se entienda tu traición.
CAMILO   Templa el enojo y espera.
    Hablemos de suerte aquí
    que quien pasa no lo entienda,
    y suéltame ya.
CELIA   ¿Qué prenda me tienes dada de ti?
    Malas noches, malos días,
    palabras, celos y rabias,
    y aun de que ya no me agravias
    nacen estas ansias mías.
    ¡Que, tan malo, te quisiera!
    ¡Mira cuál estoy, traidor!
CAMILO   Ir allá será mejor;
    ve, Celia, a casa y espera,
    que hay mucho que averiguar,
    y en la calle no estás bien;
    fuera de que a mí me ven,
    y tengo que negociar.

CELIA
¡Tú, a mi casa! Pues no has ido
en dos meses, ¿y tan loca
me ves, que crea tal boca
a corazón tan fingido?
No, amigo, que si se escapa
será andarme tras el viento.

CAMILO
Tenme, por tu fe, con tiento;
que me has rasgado la capa.

CELIA
Ese corazón quisiera,
donde tal dureza cabe.

CAMILO
Ya fue para ti suave,
y a tu voluntad de cera;
pero hay hombres que desean
no tener común el bien.
Pero advierte que nos ven.

CELIA
Mucho teme que le vean.
Calle, no se le dé nada,
y amartelarase ahora,
si no lo está, la señora
que nuevamente le agrada;
y cuando riñan un poco
por celillos, bien sabrá
dar satisfaciones ya.

CAMILO
Tú quieres volverme loco.

CELIA
¿Quién duda que le diría:
«Persígueme esa mujer,
pero no la puedo ver,
por tu vida y por la mía;
y no hay de qué recelarte,
que haré que delante esté
viendo que te beso el pie».

CAMILO
¿Quieres dejarme y cansarte?
Esto, ¿no era ya acabado?

(Salen LEONADA y JULIA, con mantos.)

JULIA   [Hablan aparte.]
             (Muy tarde y sola has salido.
LEONARDA   Por tarde que es no ha venido Urbán.
JULIA   Mucho se ha tardado.
             Pero, ¿por qué no quisiste
             el escudero de Clara?
LEONARDA   Por no velle aquella cara
             tan melancólica y triste.
             ¡Ay, Julia, más lo es mi suerte!
JULIA   ¡Jesús, señora! ¿Qué has?
LEONARDA   ¡Ay, Julia!
JULIA   ¡Qué muerta estás!
LEONARDA   Y ¿es mucho viendo mi muerte?
JULIA   Mira que no es tan de noche;
             calla o cúbrete la cara.
             Todo aquesto se escusara
             si hubieras venido en coche.
             ¡Ay, amarga, que ya veo
             de adónde el aire te vino!
LEONARDA   Galardón es este digno
             de mi loco y mal deseo.
             ¡Oh, quién no te conociera,
             como tú a mí, pues así,
             como no [me] ves a mí,
             te gozara y no te viera!
             ¡Fiad de los juramentos,
             de las palabras y votos!
             Pero son papeles rotos
             que se entregan a los vientos.
             ¡Quién le oyó que no quería
             otra en el mundo!

JULIA	Y bien jura,
	que dice de noche escura,
	y esta querrala de día.
	Mira, señora, no creas
	que sin dejarte mirar
	has de poder conservar
	un hora el bien que deseas.
	Por la vista entra el amor,
	que por las manos no puede.
LEONARDA	¿Y el oír?
JULIA	Eso se quede
	para un amante hablador.
	Sigue un hombre, oyendo hablar,
	un rebozo, aunque no vea,
	y en viendo que es mujer fea,
	al diablo la quiere dar.)
CAMILO	Di, veamos, ¿qué te debo?
	Que yo te satisfaré.
CELIA	Lo primero, una gran fe,
	que es en nosotras muy nuevo;
	luego con mucha lealtad
	no conocer otro gusto,
	y en la mía muy al justo
	vestirme tu voluntad;
	pasar mil noches al hielo,
	esperándote a una reja;
	sufrir voces de una vieja,
	y aun ¡ay del brazo y del pelo!;
	no te haber jamás faltado
	en cosa que hayas querido.
CAMILO	Todo eso te he servido
	con haberte regalado;

algún dinero me cuestas,
y galas, las que tú sabes.

CELIA ¡Palabras, por cierto, graves,
y en tu hidalga boca honestas!
El cofre abriré; no quiero
cosa tuya. Venga Floro,
llévelo, y aun darte en oro
eso que me has dado espero.
¡Hermosas galas, en fin!
Una triste vasquiñuela,
con dos fajuelas de tela,
un amargo faldellín...
¡Qué sartas de perlas grandes!
¡Qué cadenas me ponías!
¡Qué ricas tapicerías
de las mejores de Flandes!
¡Qué casa que me has labrado,
con jardín, reja y balcón!
Y tiénenla mil que son
esterillas de mi estrado.
¿Con quién, ya que se me aleja,
aqueste tiempo empleara,
que a lo menos no quedara,
ya que sin paga, sin queja?
Hallaríasme muy rota,
muy pobre, muy despreciada,
cuando te di en casa entrada.

LEONARDA [Aparte.]
(¿No ves cómo se alborota?
¡Oh, quién lo que hablan oyera!

JULIA ¿No era mejor irte a casa,
que no esperar de quien pasa

	que alguno te conociera?
	Fuera de esto, ya anochece.
LEONARDA	Eso y el estar tapada
	hace que no importe nada.
JULIA	Mas [son] celos, me parece.
	En mi vida lo pensara,
	que por tales aventuras,
	dama que se goza a escuras
	fuera con celos tan clara.)
CELIA	¿Hombre, yo?
CAMILO	Sí, Celia tú;
	y pues que me he declarado,
	déjame.
CELIA	Ya estás dejado.
	¡Jesú, qué maldad! ¡Jesú!
CAMILO	Santíguate con cien manos.
CELIA	¿Con testimonios me dejas?
	Quédate, a Dios; no más quejas.

(Vase.)

CAMILO	Testimonios son bien llanos.
	¿Es posible que se ha ido?
LEONARDA	[Aparte.]
	(¿Qué le digo?)
CAMILO	¿A mí, embozadas?
LEONARDA	No somos tan declaradas
	como esa necia lo ha sido.
	¿Es acaso la Diana
	que dijistes en la huerta?
CAMILO	[Aparte.]
	(Esta viudilla anda muerta
	por ser conmigo liviana).

              Suplícoos que os destapéis,
              porque no lo parezcáis.
LEONARDA   Huélgome que lo que amáis
              tan presto lo aborrecéis.
CAMILO   Son esas divinidades
              acá ciertas fantasías;
              son unas noches sin días,
              y unas mentiras verdades;
              son unos gustos inciertos
              y un buen manjar sin sazón;
              una fiesta en confusión,
              y unos sueños que son ciertos.
              Es andar de noche en huertas,
              es lo no visto fingir,
              y es contar y recebir
              dineros a luces muertas.
              Si vos me queréis a mí,
              dormirá un poco Diana,
              porque es noche sin mañana,
              y se quiere mucho a sí.
              Quiere que la amen por fe,
              cual si cielo hubiera sido,
              y es, en efeto, sonido
              que se oye y no se ve.
LEONARDA   Sin duda que la habéis visto,
              y os habéis desengañado.
CAMILO   Antes por no haber mirado,
              a mi obligación resisto.
              Si la viera como a vos,
              y bella como vos fuera,
              no dudo que la quisiera.
LEONARDA   ¿Y de veras?
CAMILO   Sí, ¡por Dios!,

porque sois vos una perla;
y me he de cansar al cabo
de ser de una dama esclavo,
que no me consiente el verla.
¿Por qué yo mi mocedad
he de pasar, por su gusto,
con este censo y disgusto
guardando su honestidad?
Si teme ser descubierta,
como otras que el vulgo infama,
o estima tanto su fama,
ponga un gigante a la puerta.

LEONARDA   Vos lo habéis dicho muy bien.
Pero porque gente viene,
que os vais, señor, me conviene.

CAMILO   Pues, ¿tan presto, tal desdén?
Por tenerme por mudable,
sin duda, me despedís.

LEONARDA   Que os vais, digo. ¿No me oís?

CAMILO   Voyme, viudilla intratable.

(Vase.)

LEONARDA   ¡Oh traidor! ¿Que no bastaba
la ofensa que aquí me hacía
que requebrarme quería?

JULIA   De desengañarte acaba.
No ha sido malo el sermón,
si le sabes entender.

LEONARDA   Mejor me le supo hacer
que si viera la ocasión.
¡Muda quedé, que no supe hablar!

JULIA   Fue sermón muy alto.

Leonarda	Un súbito sobresalto
	no hay sentido que no ocupe.
	¡Aquesta noche y no más!
	Aunque por lo comedido,
	verás cómo le despido.
Julia	Y de esto, ¿qué le dirás?
Leonarda	¿Yo le había de hablar de esto?
	¡Qué donosa necedad!

(Sale URBÁN.)

Urbán	No ha quedado en la ciudad
	otra calle ni otro puesto.
	Dos veces a casa he ido,
	por si allá hubieras llegado.
Leonarda	Harto bien te has desculpado
	un día que a pie he salido.
	Esta noche llamarás
	aquel galán de la puente.
Urbán	Harelo liberalmente.
Leonarda	Tú, Julia, cuenta tendrás
	de la puertecilla falsa.
Urbán	Tu tío en casa te espera.
Leonarda	¡Bien!, porque pena tan fiera
	no la comamos sin salsa.
Urbán	Con él está un forastero
	de Madrid.
Leonarda	¿A qué ha venido?
Urbán	No sé.
Leonarda	¡Cielos, dadme olvido
	si aquesta noche no muero!

(Vanse, y salen LISANDRO y OTÓN, de noche.)

LISANDRO   Ya que la noche nos da
            lugar a nuestra porfía,
            ¿cómo, Otón, de pena os va?
OTÓN   ¿No basta ser pena mía?
            Con eso entendido está.
            ¿Qué dolor al mío se iguala,
            pues a la cosa más mala
            me ha traído mi furor?
LISANDRO   ¿Cómo?
OTÓN   A mi competidor hace favor y regala.
LISANDRO   Cansada está la paciencia
            de sufrir celos y agravios
            cuando es paz la competencia;
            mas sabed que es de hombres sabios
            esa cuerda diligencia.
OTÓN   No estoy de eso arrepentido,
            pero muy necio y corrido
            de que quite aqueste Urbán
            a tanto mozo galán
            galardón tan merecido.
            Yo soy un hombre arriscado,
            y aunque hubiera cien Camilos
            para su defensa y lado,
            una vez fuera los filos,
            él volviera colorado.
            Este Camilo, ¿quién es,
            que así trata del arnés?
            Bueno es tener respeto
            a un hombre, mas yo os prometo
            que me arrepentí después.
LISANDRO   No os pese, que aquesta puerta
            no pienso que verse espere,
            noche obscura o clara, abierta,

que el que por ella saliere
no vuelva la cara abierta.
Este es Valerio en el talle.

Otón   Y fuera bueno dejalle
a que en un punto se armara.

(Sale VALERIO.)

Valerio   ¡Mas que el enemigo entrara
por la boca de la calle!

Otón   A propósito responde.
No me digan de Gradaso
ni del Orlandino conde,
que guardaran este paso
como los dos.

Lisandro   Sentaos.

Otón   ¿Dónde?

Lisandro   En aquese puro suelo,
cada cual en su herreruelo,
y a su lado la rodela.

Valerio   Esta noche poco vela
la blanca luna en el cielo.

Otón   Andará como la viuda;
con los cercos de humedad,
es para llover sin duda.

Lisandro   ¡No hubiera en esta ciudad
una hechicera barbuda!

Valerio   ¿Para qué?

Lisandro   Para que hiciera
que por treinta se muriera.

Otón   Pero para que olvidara
un traidor, a cuya cara
hoy un beneficio espera.

VALERIO	Una sátira le hagamos.
OTÓN	¡Vive Dios, que es gran bajeza!
	Sin duda la deshonramos.
LISANDRO	Teniendo tanta nobleza,
	más corridos nos quedamos.
OTÓN	Las sátiras inventivas
	que dan en las llagas vivas
	son para la gente baja.
	¡Qué bien aquesto me encaja!:
	«Nunca digas mal ni escribas».
VALERIO	Aquel decir mal, hermano,
	no guarda ningún gobierno,
	porque dicen, y es muy llano,
	que es chimenea en invierno
	y sala baja en verano.
	Mejor será que cantemos,
	o que de repente echemos
	en loor de los dos amantes.
LISANDRO	¿Prestaréisme consonantes?
OTÓN	Mejor será que glosemos.
VALERIO	¡Oh, vos sois un cancionero!
LISANDRO	Venga el verso.
OTÓN	Diga así:
	La viuda y su escudero.
VALERIO	¡Oh, qué tal es, pesia a mí!
LISANDRO	Pues yo comienzo el primero.
	Mirando nuestros amores
	y su grave competencia,
	he presumido, señores,
	que Angélica está en Valencia
	con todos sus pretensores.
	Vos sois Orlando el guerrero
	y vos Sacripante fiero,

	[yo] Ferragud, bravo moro;
	pero Angélica y Medoro,
	La viuda y su escudero.
VALERIO	Escudero el más honrado
	que salir de España pudo,
	que a tener has acertado
	el más reluciente escudo
	de tus armas adornado,
	una medalla hacer quiero,
	aunque pobre caballero,
	de plata y de mil tesoros,
	donde estén como el cinco oros
	la viuda y su escudero.
OTÓN	En las celestes alturas,
	siendo Géminis su nombre,
	hay un signo en dos figuras,
	una mujer, otra hombre,
	pegados en carnes puras.
	Yo no soy buen estrellero,
	pero, ¡por Dios verdadero!,
	que cada noche imagino
	que están como aqueste signo
	la viuda y su escudero.
VALERIO	¡Hola! La puerta han abierto,
	y Urbán embozado sale.
OTÓN	¿Quién?
VALERIO	Urbán.
OTÓN	¿Es cierto?
VALERIO	Cierto.
LISANDRO	¡Oh pesia a tal!
VALERIO	Llega y dale.

(Salió ROSANO y diole LISANDRO.)

LISANDRO	¡Basta aquesta!
ROSANO	¡Ay, que me han muerto!
OTÓN	Echad por esa esquina.
LISANDRO	Bien se ha hecho.

(Vanse los tres.)

ROSANO   Ábranme aquesta puerta. ¡Ay de mí, triste!
La casa es grande, y llamo sin provecho.
¿Aquí, viejo fingido, me trujiste?
Pretendientes lo han hecho. Hacer buen pecho,
que a una traición ningún valor resiste.
¡Qué gentil cuchillada que me han dado!
¡Oh, cómo a Madrid voy bien despachado!

(Vase. Salen LEONARDA, JULIA y LUCENCIO.)

LEONARDA	Vaya una hacha con mi tío.
JULIA	Ya Rodulfo está con ella.
LUCENCIO	¿Qué necesidad hay de ella?
LEONARDA	¿Cómo que no, señor mío?
	Y otro criado también
	con espada os acompañe.
LUCENCIO	¿Quién ha de haber que me dañe?
LEONARDA	Y yo sé que os quieren bien.
LUCENCIO	Del hombre estoy muy contento,
	que parte bien despachado.
LEONARDA	Digo, tío, que me agrado
	de hacer este casamiento;
	que habiendo a mil propios sido
	áspera, disculpa espero
	en querer a un forastero.
LUCENCIO	Ventura el hombre ha tenido.

Ricas albricias le esperan
en allegando a Madrid.
LEONARDA Que se aperciban, decid.
JULIA Ya esperan y desesperan.
LUCENCIO A Dios.
LEONARDA Él vaya contigo.

(Vase LUCENCIO.)

JULIA Desesperándome estaba;
que en la puerta falsa andaba
no sé quién.

(Sale URBÁN.)

LEONARDA Urbán amigo,
¿cómo solo de esa suerte
con la máscara en la mano?
URBÁN Hay mucho mal.
LEONARDA ¿Cómo, hermano?
De lo que pasó me advierte.
URBÁN A la puente del Real
llegué a las diez, donde atento
ya me esperaba Camilo,
el curso del agua oyendo.
Llegué a hablarle, y él alzó
de la baranda los pechos,
y cubriéndole los ojos,
yo fui el mozo y él el ciego.
Entramos por la ciudad,
hablando y encareciendo,
yo tu hermosura y tu fama,
y él su amor y sus deseos.

Preguntábale si había
en Valencia otro sujeto
que le agradase de día
más que tu escuro aposento;
y él me contaba una historia
de una mujer que de celos
le seguía y perseguía
en calles, plazas y templos,
cuando un alguacil llegó,
y al querer reconocernos,
la venda del dios de amor
Camilo se quita presto.
Llegó, y quién era le dijo,
dejándole satisfecho;
pero no quiso rogalle
que me dejase cubierto.
La máscara me quitaron.
Camilo y todos me vieron,
bien que me dejaron libre,
que mejor dijera preso.
Camilo, en viéndome el rostro,
me dijo: «Amigo -riendo-
dejemos estas quimeras,
y vámonos descubiertos».
Yo entonces, como en los montes
acosado corre el ciervo,
a Camilo dejo atrás,
y voy igualando al viento;
y por calles desusadas,
de aqueste triste suceso,
conocido y afrentado,
a darte las nuevas vengo.

LEONARDA ¡Pobre de mí!¡Tras un mal

	otro mayor! ¿Qué he de hacer?
JULIA	¿Tu valor puede perder
	su condición natural?
	Ahora el esfuerzo importa.
LEONARDA	No le hay en tal desconsuelo;
	que cuando castiga el cielo,
	acero y diamantes corta.
	Ahora bien, cualquier flaqueza
	es notable en quien yo soy;
	pero fabricando estoy
	una aguda sutileza.
	Urbán, por algunos días
	a mi prima servirás,
	y por Valencia andarás,
	muy lejos de cosas mías.
	Así que, cuando te siga
	ese hombre, entenderá
	que por ella viene y va.
JULIA	A mucho el honor te obliga.
URBÁN	Pues di: ¿quieres deshonrar
	tu prima? ¿No es desvarío?
LEONARDA	Urbán, por este honor mío,
	todo [se] ha de perdonar.
	Caiga esa mancha en mi prima,
	y líbrese mi opinión.
URBÁN	¿Tú no ves que es sinrazón?
LEONARDA	Así la fama se estima.
	Si cuando te acuchillaban
	delante al otro ponías,
	de quien favor recebías,
	y los otros en él daban;
	y si defender la mano
	al rostro es tan natural,

por parte más principal,
no es pensamiento inhumano.
Recogeos, y mañana
a misa con ella irás al Milagro.

URBÁN Tú le harás
con esta industria greciana.
Pero di, ¿quién ha de ir
mañana por tu galán?

LEONARDA Julia, disfrazada, Urbán,
que de hombre se ha de vestir.

JULIA ¿Y si algún hombre me topa?

LEONARDA Defenderate tu ciego.

JULIA De él me temo.

LEONARDA ¿Cómo?

JULIA Es fuego,
y conocerá la estopa.

(Vanse. Salen OTÓN y VALERIO.)

VALERIO Dicen que ya se levanta.

OTÓN Es un lirón en dormir.
Lo que se tarda en vestir,
Valerio, es cosa que encanta.

VALERIO Acostóse, pues, temprano;
que anoche poco rondó.

(Sale LISANDRO.)

LISANDRO Esa, a fe, me desveló,
escudero y cirujano.

OTÓN ¿Aún os ponéis los botones?

VALERIO ¿El cirujano os desvela?
¡Buena burla! Mas creeréla.

Otón	Dejémonos de razones.
	¿Hubo quien nos conociese?
Lisandro	Era un desierto la calle.
Valerio	¡Qué bien que se puso al dalle!
Otón	Mas ¡que tan bien sucediese!
	¿Fue en la cabeza o la cara?
Lisandro	En todo pienso que hirió,
	porque revés que doy yo,
	hasta el pescuezo no para.
Otón	¡Válame san Jorge!
Valerio	Amén.
Otón	Esto cuentan de Roldán.
	¡Hola! Hacia acá viene Urbán.
Valerio	¿Quién?
Otón	Urbán.
Lisandro	¿Quién dices? ¿Quién?
Otón	¡Hola! Urbán es, y muy sano.
Lisandro	Míralo bien.
Otón	¿Qué hay que ver?
	Tú debías de tener
	anoche blanda la mano.
Valerio	Cuando yo doy un revés,
	hasta el pescuezo no para.
Otón	Cogiendo cabeza y cara,
	queda abierto hasta los pies.

(Ha salido URBÁN.)

[LISANDRO]	Estoy por dársela ahora.
Otón	Deteneos.
Valerio	Urbán, ¿dó bueno?
Urbán	De priesa y cuidado lleno;
	que va a misa mi señora.

OTÓN   ¿Quién? ¿Leonarda?
URBÁN   Ha ya mil días
         que en cas de su prima estoy,
         y con ella vengo y voy.
VALERIO   [Aparte.]
         (¡Muy bien así le darías!
LISANDRO   Sin duda, pues, que hay herido
         o forastero o criado.)
OTÓN   Tenga, pues se ha disculpado,
         perdón.
LISANDRO   Mas yo se le pido.
URBÁN   ¿Mandáis más?, que voy de prisa.
OTÓN   Dinos algo de tu ama.
URBÁN   Que es una Porcia en la fama.
LISANDRO   Ven acá.
URBÁN   Tocan a misa.

     (Vase.)

VALERIO   Fuese, que es gran bellacón.
OTÓN   Sin duda, su prima está
         sola, si este no está allá.
LISANDRO   ¡Oh, vana murmuración!
         Si aqueste su galán fuera,
         sin él ni un hora pasara.
VALERIO   Amando, es cosa muy clara.
LISANDRO   Pues ¿no sabremos quién era
         el que llevó el beneficio
         anoche? Y no por el boto,
         sino por el filo.
VALERIO   Has roto
         más que un romano Fabricio;
         ya no preguntes quién sea,

que ya no debe de ser.
(Desnuda la espada.)

LISANDRO Pues téngolo de saber.
OTÓN Basta que el filo se vea.
LISANDRO Sangre tiene, ¿qué dudamos?
VALERIO Por mí, Lisandro, lo creo.
OTÓN ¿Dónde iremos?
VALERIO A la Seo.
LISANDRO Mejor es que a San Juan vamos.

(Vanse. Salen CAMILO y FLORO.)

FLORO ¿Tantas cruces te haces?
CAMILO Pues, ¿qué quieres,
viendo tan espantoso desengaño
de este mi encantamento y aventura?
FLORO ¿Viste anoche muy bien el hombre?
CAMILO Vilo
como te veo, Floro amigo, ahora;
y vile con tal fuerza de deseos
de conocerle bien, que desvelado
toda la noche estuve, con su imagen
en la memoria como piedra impresa,
hasta que me dormí cansado al alba.
Puedo en la mesa retratarle al vivo,
como se cuenta del famoso Apeles.
FLORO ¿Y que hoy le has visto acompañar su ama?
CAMILO Pues ese es, Floro, el desengaño mío;
que como anoche conocí su cara,
y hoy le vi con aquesta buena dueña,
estoy desesperado.
FLORO Dime el cuento
de suerte que lo entienda.

CAMILO   Estame atento.
          Yo salía del Milagro,
          discursos varios haciendo
          sobre el suceso de anoche,
          que fue notable suceso.
          Iba bajando las gradas,
          cuando el escudero veo
          con sereno y corto paso,
          rostro humilde, airoso cuerpo.
          De la su mano traía
          -que así lo dicen los viejos-
          una niña, que ganaba
          con cuatro quinces el juego.
          No me dé mejores cartas
          en su vida el compañero,
          que los puntos de esta diosa,
          diosa en años, diablo en gesto,
          el cual era de un color
          tan pálido y macilento,
          que el bronce no le igualaba,
          aunque de bronce era hecho.
          La frente vellosa y chica,
          blancos y pocos cabellos,
          cejas tiznadas de hollín,
          por la falta de los pelos,
          ojos a escuras suaves,
          porque eran de rocín muerto,
          nariz de jabón de sastre,
          y barbuda por lo menos,
          la cabeza tuerta un poco,
          los hombros, Floro, sin cuello,
          el andar como de un ganso,

muy aspacio y patiabierto.
Quisiera empujarla entonces
y dar con ella en el suelo,
pero al fin, desengañado,
vuelvo corrido en estremo.

FLORO   ¿Estos, señor, han sido tus peligros?
¿Esto ponerte a una perpetua infamia?
¡Ah, si tomaras luego mi consejo,
y rompieras un poco el capirote,
o fuerza hicieras con la espada en mano!
Que no habían de matarte ni ofenderte.
¡Todo fue muy galán aficionarte
de una camilla de damasco y tela,
y de unos terciopelos y brocados!
Mas ¿qué piensas hacer?

CAMILO La primer casa
me ha de dar pluma y tinta, y con la cólera
le he de escribir quién es, y su mal término,
y quedará de lengua castigada;
que gran castigo suele ser la lengua,
y más cuando se vea conocida,
y que pierde el mocito que engañaba.

FLORO   ¿No me contabas tú que la tocaste,
y que era moza muy briosa y cuerda,
que hablaba con estremo y respondía?

CAMILO Sin ojos, no me culpes ni me corras.
Urbán queda con ella ahora en misa;
darásle este papel que [he] de escribille,
para que se le lleve como digo.

FLORO   ¡Linda dama has gozado!

CAMILO ¿Burlas, Floro?

FLORO   ¡Oh, qué niña tan linda!

CAMILO   Como un oro.

(Vanse, y salen LEONARDA y JULIA.)

JULIA   ¿Que, al fin, te has determinado
a querer un forastero?
LEONARDA Celos, Julia, me han forzado
De este traidor por quien muero,
y este mi honor estimado.
JULIA   ¿Y que saldrás de Valencia?
LEONARDA Antes que con cierta ciencia
sepan mi secreto estilo,
es bien dejar [a] Camilo,
y halo de hacer el ausencia;
porque, según está impreso
en el alma que le di,
Julia amiga, te confieso
que verle y no hablarle aquí
sería perder el seso.
JULIA   Por estraño modo has hecho
tu gusto, sin que tu honor
quede manchado o deshecho.
LEONARDA Una mujer con amor deshará todo el derecho.
JULIA   Cierto que, si las señales
del secretario son tales
como escriben, aunque en breve,
que nada a Camilo debe.
LEONARDA Mucho son en todo iguales,
pero lo visto era bueno.
JULIA   ¡Oh, cómo el verte casar
en reino estraño y ajeno,
por la ciudad ha de dar
un bravo estampido y trueno!

Leonarda No importa, pues de ella salgo.

(Sale URBÁN.)

Urbán   Para tus industrias valgo
un mundo.
Leonarda Urbán, ¿con tal prisa?
Urbán   Ya me vio llevar a misa
a tu prima aquel hidalgo.
Leonarda ¿Y qué? ¿Puso buen semblante?
Urbán   Con un rostro entre dos luces
se puso a vernos delante,
haciéndose cien mil cruces,
que es satisfación bastante,
y al salir me dio el criado
aqueste papel cerrado
para que a tu prima diese,
como si culpa tuviese.
Leonarda Bien le habemos engañado.
Muestra, a ver lo qué le escribe.
Urbán   ¿Quién duda que le dirá
que de su gusto se prive?
Leonarda Dirá que corrido está
y cuán engañado vive.
(Lee.)
«Vieja de Satanás, que a siete dieces
te enamoras, y gozas con hechizos
de mozos, por su mal, antojadizos,
con quien te haces niña y enterneces;
hoy vi tu antigua cara con dobleces,
tiznadas cejas y canudos rizos,
con la tuerta nariz, dientes postizos,
y las hermosas manos de almireces.

Desengañeme, y dije muy corrido:
-A Dios, señora Circe, a Lanzarote
sirva de quintañona, y será moza.
Busque otro necio, como yo lo he sido,
a quien ponga de noche el capirote,
que presto le pondrán una coroza».

URBÁN ¡Bravo fuego viene echando!
Mas no hay que espantarse de él.

LEONARDA Y yo me estoy lastimando;
que no hay cosa en el papel
que no me deje abrasando,
porque hago de ello honor.

URBÁN Eres mujer, y en rigor
no pueden sufrir ser feas.
¿Corrido te has?

LEONARDA No lo creas.

JULIA Pues ¿hay afrenta mayor?

URBÁN ¿Cómo afrenta? ¡Si ese piensa
que es esa vieja tu prima
de quien recibió la ofensa!

LEONARDA Por ventura amor me anima
a que me ponga en defensa.
Y necio Camilo anda,
pues hoy confiesa tan dura
la que ayer sintió tan blanda.

URBÁN Lo que es mal, presto asegura,
y así en hablar se desmanda.
¿Qué has de hacer?

LEONARDA A su posada
ve esta noche; que me agrada
con otro mayor engaño
dalle un cierto desengaño.

URBÁN Tú quedarás engañada.

(Vanse y salen CAMILO y FLORO.)

CAMILO   ¿Eso me dices, Floro?
FLORO   Bien sabía, que había, señor mío, de ofenderte;
         y sabe Dios lo que a mi alma cuesta
         dar licencia a mi lengua y a mi boca,
         para palabras de vergüenza poca.
         Desde aquesta mañana que me diste
         aquel papel que al escudero diese,
         anduve comenzando mil razones,
         y nunca pude pronunciar ninguna.
         Bien sé, señor, que hacello fue mal término;
         mas quien es tan discreto, y ha leído
         tantas historias, verá bien por ellas
         que amor tiene disculpa en sus efetos
         con sólo ser amor.
CAMILO   Ya lo sé, Floro,
         y no es esa la culpa que en ti hallo.
FLORO   Como yo vi que despreciaste a Celia,
         y ella, señor, se vio desamparada,
         por su consuelo entraba a visitarla;
         y visitome amor de suerte el pecho,
         que le dije mi intento, y di palabra
         de casarme con ella, como fuese,
         señor, tu gusto, y con licencia tuya.
         Ella, desesperada y que en su vida
         la volvieras a ver, y porque todas
         oyen muy bien aquesto de casarse,
         también me dio palabra y juramento.
         [Ve] si gustas de hacerme un bien tan grande
         en consideración de mis servicios,
         pues sabes que mis padres te criaron,
         y que he sido tu esclavo desde entonces.

CAMILO   Floro, no pienses tú que a mí me pesa
            que te cases con Celia porque tengo,
            habiendo sido Celia cosa mía,
            celos ahora [o] juzgo que es mal término;
            sino porque el amor que te he tenido,
            pensaba hacer de ti mejor empleo.
            Ello es tu gusto, no te contradigo.
            Si está de Dios, el hombre no lo estorbe.
            Ve por Celia a su casa, y hablarela.
FLORO   Más cerca está, señor.
CAMILO   ¿Cómo?
FLORO   Está en casa,
            que hoy vino a mi aposento.
CAMILO   Ve por ella.
            (Va FLORO por ella.)
            ¡Estrañas cosas hace este amor ciego!
            A mí por una vieja me trae loco,
            y aqueste Floro casa con mi amiga.
            Pero esto estame bien, pues me asegura
            de que no me persiga.

        (Vuelve a salir FLORO, y CELIA.)

FLORO   Aquí está Celia,
            y aqueste esclavo tuyo.
CELIA   El cielo sabe,
            señor, si vengo a [hablarte] con vergüenza;
            pero para una cosa que es tan justa
            espero tu favor.
CAMILO   Celia, yo pienso
            que el cielo te ha mirado piadoso,
            pues a tu vida ha dado tal remedio
            como es Floro, mi amigo y no criado;

						padre tendréis en mí y amparo todo,
						y el día que os caséis te daré, Celia,
						sin vestidos ni alhajas, mil ducados.
						Vuélvela ahora, Floro, a tu aposento.
CELIA		El cielo aumente esos gallardos años.
FLORO		Dame, señor, aquesos pies.
CAMILO		Levántate.
CELIA		No hay príncipe como él.
FLORO		Nadie le iguala.

	(Vanse FLORO y CELIA.)

CAMILO		Contento parte Floro, que es amante
			que su gusto escogió con muchos ojos.
			¡Ay de aquel necio que le tuvo a escuras!

	(Sale FLORO.)

FLORO		Con no haberse cerrado bien la noche,
			aquel tu enmascarado está a la puerta.
			Fulgencio me lo dijo, y que este leas.
CAMILO		¿Que no quieren dejarme aquestas máscaras?
			¿Todavía esta vieja me persigue?
FLORO		Lee. Veamos qué es lo que te escribe.
			(Lee.)
CAMILO		«Creerse de ligero no es cordura,
			que suele resultar en propio daño;
			y no tengáis temor de que es engaño,
			que al fin el que es más fuerte poco dura.
			Venid, Camilo, a ver mi fe tan pura,
			que esta noche os darán el desengaño,
			o a lo menos la muestra dese paño,
			que por su afrenta defenderse jura.

No soy quien vos pensáis; y así, deseo,
aunque cual siempre guardaré mi fama,
desengañaros, como ya comienzo.
No penséis que habéis hecho mal empleo,
ni a Circe presumáis tener por dama,
que en todo os soy igual, y en algo os venzo».
¿Hay cosa igual? Aquesta es hechicera
o yo he perdido, Floro, mi juicio.
¿Con esto sale ahora nuevamente?
¿Quiere enredarme con encantos nuevos?
Mas donde fue lo más, lo menos vaya.
Dame un jaco de presto.

FLORO   Voy.

CAMILO   Apriesa.
¿Guardar quiere su fama? Aquesta noche
luz tengo de llevar, si allá me matan.
Ponme en una lanterna una bujía.

FLORO   ¿Muerta?

CAMILO   Encendida, necio, mas cerrada,
de suerte que llevarla no se vea.
¡Que aun quiere hacerse hermosa aquesta fea!

(Vanse. Salen LUCENCIO, LEONARDA y JULIA.)

LUCENCIO   Hasta hoy no había sabido,
sobrina, aqueste suceso,
de que estoy que pierdo el seso.

LEONARDA   ¿Y que tan mal le han herido?

LUCENCIO   ¿Cómo herido? Si no fuera
en Valencia no escapara,
que es la cirugía rara;
y así, su salud se espera.
La noche que de aquí fue

con las cartas que escribimos,
esas albricias le dimos.
LEONARDA Sin duda que hizo por qué.
LUCENCIO Él jura que a nadie habló,
ni sabe por qué le dieron.
LEONARDA Y ¿no se sabe quién fueron?
LUCENCIO Diera por saberlo yo
la mitad de mi hacienda.
LEONARDA ¿Y no le hacéis regalar?
LUCENCIO A casa le he de llevar,
y hacer que nadie lo entienda,
que es conveniente a tu honor.
¿Hay recado de escribir?
Porque es razón advertir
a ese hidalgo y su señor.
LEONARDA ¡Hola! Poned unas velas allá en mi cuadra.
LUCENCIO Yo voy.

(Vanse JULIA y LUCENCIO.)

LEONARDA ¡Que no me aprovechan hoy
con este viejo cautelas!
¡Cuando a Camilo he de ver,
tengo aquesta sombra en casa!
pero bien lejos de él pasa,
y yo le sabré esconder.

(Sale JULIA.)

JULIA   Ya el viejo queda escribiendo.
LEONARDA Urbán sin duda es venido.

(Salen URBÁN y CAMILO.)

URBÁN	No dirás que no he traído tu ciego.
LEONARDA	En verle me ofendo.
CAMILO	¿Podreme ya descubrir?
LEONARDA	Lleva esas luces.
CAMILO	¿Que aún dura

esto de ser dama escura?
Ya no se puede sufrir.
Heme aquí que me descubro.
¿Qué importa, si ciego estoy
para el desengaño de hoy?

LEONARDA Por quien soy, de vos me encubro.
Pero no saldréis de aquí
sin que vais desengañado,
y habeisme mucho agraviado
con pensar eso de mí.
Y fue sin duda locura
no reparar en que ha sido
la dama que habéis tenido
menos espantosa y dura;
que no es un hombre tan ciego,
que así sus manos le engañen,
para que le desengañen
vanos pensamientos luego.
Pero sois mozo, en efeto,
y no poco confiado;
y ansí en lo escrito y hablado
no habéis andado discreto.
Mas quiérooslo perdonar
no más de por lo que os quiero.

CAMILO Disculpa daros espero,
si es que me pude engañar.
Pero si luz no ha de haber,
no procuréis desengaño,

que quien hizo aquel engaño,
otros muchos sabrá hacer.

LEONARDA Pues luz no la imaginéis.

CAMILO ¿Eso es ya resolución?

LEONARDA Aunque os pierda, está en razón
que con luz no me gocéis.

CAMILO Pues burlar a un caballero
tampoco, señora, es justo.
Daros quiero un gran disgusto.
Luz traigo, y veros espero.
(Descubre la luz.)
¡Jesús! ¿No sois la viuda
que yo tantas veces vi?

LEONARDA ¡Ay, desdichada de mí!

CAMILO Ya mi mal en bien se muda.

LEONARDA ¿Ese es término de hidalgo?

CAMILO Del rostro, la mano alzad.

LEONARDA ¿Hay tal fuerza? ¿Hay tal maldad?

(Sale LUCENCIO.)

LUCENCIO Leonarda, a tus voces salgo.
¿Cómo es aquesto? ¡Hombre aquí,
y hombre con desnuda espada!

CAMILO Estuvo siempre envainada,
y desnudose por ti.

LUCENCIO Saca una luz, llama gente.

(Va JULIA y saca un hacha.)

LEONARDA Señor, esto es hecho ya;
poner silencio será
remedio más conveniente.

Aqueste hidalgo es Camilo,
a quien tú conoces bien;
quiéreme bien, y también
yo a él por el mismo estilo.
Si fuere voluntad suya,
yo quiero ser su mujer.

LUCENCIO   Como estéis de un parecer,
yo gusto que se concluya.
Más blando, señor armado,
que os conocí muy pequeño.

CAMILO   Vos sois mi padre y mi dueño.
Haced lo que os han rogado.

LUCENCIO   Ve, Urbán, y llama testigos.

URBÁN   Yo voy volando.

(Vase.)

LUCENCIO   ¡Esto pasa!
¿Cuando estoy, sobrina, en casa,
tienes en casa enemigos?
¿Para qué escribir me hacías,
si en este negocio andabas?

(Salen URBÁN, OTÓN, LISANDRO, VALERIO y FLORO.)

LEONARDA   ¿Por qué un pueblo no llamabas,
o media ciudad traías?

URBÁN   Estaban casi a la puerta.

LUCENCIO   Ellos están bien llamados;
caballeros son honrados.
Oigan cómo se concierta
que Camilo con Leonarda
se han de casar, y lo juran.

VALERIO	Justamente lo procuran:
	él noble, y ella gallarda.
	Hoy de mil tesoros llenos
	os haga el cielo a los dos,
	y goceisos, ruego a Dios,
	por muchos años y buenos.
FLORO	En un día, mi señor
	y yo nos hemos casado.
LISANDRO	Casamiento tan honrado
	vuelve en olvido mi amor.
	Mejor que en reinos ajenos
	y con el bien que tenéis,
	estaréis donde os gocéis
	por muchos años y buenos.
URBÁN	¿No me dan a Julia a mí?
LEONARDA	De hoy más será tu mujer.
OTÓN	El testigo vengo a ser,
	aunque pretendiente fui.
	Mas confieso que soy menos;
	y así tan bien escogéis
	que es bien que este bien gocéis
	por muchos años y buenos.
LISANDRO	¿Será la boda?
LUCENCIO	Mañana.
VALERIO	¿Tan presto?
LUCENCIO	Conviene así.
CAMILO	Pues bien es que acabe aquí
	La viuda valenciana.

FIN DE LA FAMOSA COMEDIA DE LA VIUDA VALENCIANA.

Bodas de Sangre
Federico García Lorca

Bodas de sangre es una tragedia en verso y en prosa escrita por Federico García Lorca en 1932 y estrenada al año siguiente en el Teatro Beatriz de Madrid, a manos de la compañía de Josefina Díaz de Artiaga. La obra está basada en un suceso real, acontecido en Níjar (Almería) en 1928. Aquel 24 de julio, Francisca Cañada y Casimiro iban a contraer nupcias, pero Francisca no acudió a su boda, huyendo con su primo Francisco Montes. Por el camino se encontraron al hermano de Casimiro y su esposa. Él disparó a Francisco mortalmente, y la esposa intentó estrangular a Francisca por la traición. Bodas de sangre es una reflexión sobre la vida, la muerte y el amor, contado a partir de costumbres y tradiciones andaluzas de la época.

I.S.B.N.: 978-84-19365-31-6

EDICIONS PERELLÓ